Sexualität
Der vergessene Schlüssel zur Versöhnung von Mensch und Erde

Ein Essay von
Dolores LaChapelle

Herausgegeben von
Andreas Lentz
und
Fred Hageneder

Danksagung

Für das Gegenlesen und kritische Anmerkungen wie konstruktive Anregungen danken die Herausgeber:
Nadine Fritz
Usch Henze
Ceridwen Lentz
Christiane Schöniger
Reinhard Lieber
Norbert Drews

1. Auflage 2011

Dolores LaChapelle
Sexualität – Der vergessene Schlüssel zur Versöhnung von Mensch und Erde

Zusammengestellt aus Passagen aus *Sacred Land, Sacred Sex, Rapture of the Deep* und *Earth Wisdom* sowie einem Essay, der ebenfalls unter dem Titel *Sacred Land, Sacred Sex* erschien.
   Aus dem Englischen von Andreas Lentz und herausgegeben von Andreas Lentz und Fred Hageneder.

© für die deutsche Ausgabe Neue Erde GmbH 2011
Alle Rechte vorbehalten.

Titelseite:
Fotos: Herbstliches Espental in Colorado: SNEHIT,
   Paar: Piotr Marcinski, beide shutterstock.com
Gestaltung: Dragon Design, GB

Satz und Gestaltung:
Dragon Design, GB
Gesetzt aus der Sabon MT

Gesamtherstellung: Appel & Klinger, Schneckenlohe

Printed in Germany

ISBN 978-3-89060-587-6

Neue Erde GmbH
Cecilienstr. 29 · 66111 Saarbrücken · Deutschland · Planet Erde
www.neue-erde.de

Sexualität –
Der vergessene Schlüssel zur Versöhnung
von Mensch und Erde

Die Vorstellung davon zu ändern,
wofür das Land da ist, heißt,
die Vorstellung davon zu ändern,
wofür alles da ist.

Aldo Leopold (1887-1948),
amerikanischer Ökologe[1]

Die Wirklichkeit ist ein Einziges.
Ein einziger Mensch. Eine einzige Erde.
Ein einziges Leben.

Wilfred Pelletier (1927-2000),
Weiser der Odawa-Indianer[2]

Sex ist zu einem schmutzigen Wort geworden.
Ersetze das Wort durch Liebesspiel, *und wir*
wären seiner Atmosphäre und seinem Geist
schon ein gutes Stück näher gekommen.

William Ashoka Ross

Inhalt

9 Prolog
11 *Bevölkerungswachstum und Klimawandel: Was haben Sexualität und Ökologie miteinander zu tun? (Andreas Lentz)*

15 **Sexualität – Der vergessene Schlüssel zur Versöhnung von Mensch und Erde**
18 Persönliche Einführung
25 Was Sexualität heute bei uns ist – und was sie eigentlich sein kann
31 Sexuelle Verhaltensweisen, die wir von unseren tierischen Vorfahren übernommen haben
37 Strategien der Natur zur Geburtenkontrolle
39 Paarung und Fortpflanzung bei Tieren
44 Ökosystemische Kulturen versus biosphärische Kulturen
52 Bevölkerungskontrolle in ökosystemischen Kulturen
61 Die Anbindung an die Erde und das Erwachen der Sexualität bei Naturvölkern und modernen Menschen
66 Sexuelles Bonding in Ökosystem-Kulturen
72 Flexible Geschlechterrollen bei Naturvölkern
78 Ökosystem-Kulturen und Sexualität – Zwei Beispiele
81 Daoistische Sexualrituale
83 Der Daoismus und seine schamanischen Ursprünge
90 Das Kreuzbein, die Angst und die Wurzel unserer Kraft
95 Daoistische Sexualität des ganzen Körpers
100 D. H. Lawrence über menschliche Sexualität und Natur
109 Wege in eine Zukunft des Einklangs von Mensch, Sexualität und Erde

117 *Über die Autorin* · 119 *Bibliographie* · 123 *Buch-Tips* ·
124 *Quellenangaben, Bildnachweis* · 125 *Bücher von D. LaChapelle*

Prolog

Die hier versammelten Texte von Dolores LaChapelle zu einer umfassenderen ganzheitlichen Sexualität sind von mir neu zusammengestellt, redigiert und ergänzt worden. Sie greifen lediglich einen Aspekt ihres Gesamtwerkes auf, der aber einen Schlüssel darstellt für das Überleben des Menschen auf der Erde.

Zurückgegriffen habe ich auf ein kleines Büchlein, den Essay »Geheiligtes Land – geheiligte Sexualität«, den ich 1990 herausbrachte, auf ein Kapitel aus dem großen Werk »Heilige Erde – Heiliger Sex«,* das in drei Bänden von 1998 bis 2000 herauskam, und auf ihr Buch »Weisheit der Erde«, dessen deutsche Ausgabe erstmals 1990 erschien.

In diesem hier vorgelegten Buch kann vieles nur angerissen werden, das gründlicher erst verstanden werden kann, wenn man Dolores LaChapelles radikale, bis zu den Wurzeln gehende Infragestellung unseres modernen westlichen Denkens versteht; eines Denkens, das eine Abspaltung vom »Denken des großen Ganzen« ist. Auch wenn Dolores LaChapelle bei ihrer Arbeit auf die vielfältigsten schriftlichen Quellen als Zeugen für ihre Sichtweise zurückgreift, so ist ihr Denken doch vor allem geprägt durch ihre lebenslange Bezogenheit auf das Land, insbesondere die Berge.

Sie war Bergsteigerin, Tiefschneeläuferin und Tai Ji-Lehrerin; und sie lebte viele Jahre in engster Beziehung zu ihren

---

* Etwas »Heiliges« ist »heil, ganz« (vergl. engl. *holy*, »heilig«, und *whole*, »ganz«). Im allgemeinen Sprachgebrauch unter monotheistischen Religionen ist heilig ein religiöser Begriff in Bezug auf die jeweilige Gottheit. In Naturreligionen und den meisten Religionen der alten Kulturen wird heilig auch auf manche Orte, Quellen, Bäume oder Berge angewandt (auch im Christentum). Ein »heiliger Ort« hat die Kraft, dem Menschen ein Tor zu öffnen (der Erkenntnis oder einfach energetisch), das ihn zu mehr Ganzheit, Vollständigkeit führt, indem es ihn wieder stärker an die Ganzheit des Lebens ankoppelt.

geliebten Bergen, dort übte sie auch regelmäßig ihr Tai Ji. So lernte sie zu »denken wie ein Berg«. So konnte sie sich unmittelbar an die »Weisheit der Erde« anbinden, die wahre *religio* (»Rückbindung«) leben. Aus dieser Rückbindung war sie auch eine Mitbegründerin der *Deep Ecology* (»Tiefenökologie«).*

Mit diesem Buch hoffe ich, Dolores LaChapelle wieder etwas mehr Aufmerksamkeit zu verschaffen. Unsere Herangehensweise an die »ökologischen Probleme« greift viel zu kurz. Wir müssen aus dem Gewahrsein für das Ganze heraus handeln, darum das Gewahrsein für das Ganze gewinnen – das ist die Religion (Rückbindung), die wir heute brauchen.

Dolores LaChapelle hat große Stücke auf Martin Heidegger gehalten, der viele seiner »Vorlesungen« auf Skiwanderungen mit seinen Schülern gehalten hat. Denken war für sie nichts Abstraktes, es geschah nicht nur im Kopf, es ereignete sich in der Bewegung in der Dreieinigkeit von Ichbewußtsein, Körper und umgebender Natur. Und dies ist auch ihr umfassendes Verständnis von Sexualität, die sich nicht auf den Menschen und auch nicht auf die Geschlechtsorgane beschränkt, sondern Ausdruck ist der Schöpfungswonne des sich ständig neu gebärenden und fortzeugenden Stroms des Lebens.

Andreas Lentz

---

* Die Tiefenökologie ist eine naturphilosophische Ausdrucksform, die den Menschen als Teil der Ökologie der Erde und nicht als ein außenstehendes Objekt sieht. Die Vorstellung, der Mensch befinde sich lediglich in einer »Um«-Welt, wird zurückgewiesen. Durch eine gewisse Spiritualität und eine Vereinigung von Denken, Fühlen und Handeln kann der Mensch sich zu Mitgefühl für alles Lebendige aufschwingen und sich außerdem seiner Rolle als Bewahrer oder Zerstörer der Biosphäre – und damit seiner eigenen Lebensgrundlage – bewußt werden. Dieser Ansatz zu persönlicher Veränderung geht eben »tiefer« als der in den Medien verbreitete rein wissenschaftliche Ansatz zur Klärung politischer, sozialer und ökologischer Fragen.

Bevölkerungswachstum und Klimawandel:
Was haben Sexualität und Ökologie miteinander zu tun?

von Andreas Lentz

Wenn wir heute vom Klimawandel reden, so ist dies – wie schon bei allen vorangegangenen Umweltproblemen: Waldsterben, Ozonloch usw. – nur ein Symptom, das wir betrachten. Die Grundfragen unserer Lebensweise werden nicht gestellt, das hieße ja, unsere Lebensweise in Frage zu stellen.

In der Folge dieser Verweigerung, uns den Grundfragen zu stellen, wird es immer wieder neue Probleme geben, ohne daß wir zum Kern der Sache vorstoßen.

Für uns Heutige ist es selbstverständlich geworden, die Welt anthropozentrisch zu sehen, das heißt, unter dem Blickwinkel dessen, was für uns Menschen gut ist – oder zumindest gut zu sein scheint. Damit ist aber keineswegs sichergestellt, daß die anthropozentrische Weltsicht überhaupt dem Wesen Mensch entspricht, dem Menschen dienlich ist – ob die anthropozentrische Weltsicht mithin »human« ist. Der bereits 2002 in einem SPIEGEL-Interview von Jacques Perrin *(Nomaden der Lüfte)* geäußerte Satz: »Es gibt nichts Unmenschlicheres als eine Welt, in der es nur noch Menschen gäbe«, rührt eben genau an diese Frage nach dem »Humanen«, die doch nicht gestellt werden kann, ohne das Nicht-Menschliche mitzudenken. Denn es gibt den Menschen nicht – nicht als abgetrenntes Nur-Mensch-Wesen. Es gibt den Menschen immer nur als Mensch+Erde, wobei »Erde« hier für das steht, mit dem der Mensch in seinem Lebensumfeld auf der Erde unmittelbar verbunden ist: Luft und Licht, Wasser, Boden und Nahrung, Schwerkraft und umgebender Raum.

Fragen wir:
Was ist anthropozentrisch?

Der Mensch im Mittelpunkt, der Mensch zuerst, der Mensch ist mehr Wert als andere Geschöpfe; je mehr Menschen es gibt, desto besser; alles ist gut, was dem Menschen dient. Der Mensch ist das eine, die Umwelt das andere.

Nun fragen wir:
Auf welcher Ebene bewegen wir uns hier?

Es geht um die materielle Ebene, um Grundstoffe wie Luft und Wasser, Rohstoffe wie Erze und Erdöl und um Nahrung und Lebensraum; es geht um all das, was die Erde an Lebensgrundlagen zu bieten hat.

Wir brauchen diese Grundlagen zum Überleben, aber machen sie die »Würde des Menschen« aus? Ist es »human«, nur die materiellen Bedürfnisse nach Obdach, Nahrung und Konsum bzw. Genuß zu befriedigen? Und ist es »human«, einer möglichst großen Zahl von Menschen die Bedürfnisse zu befriedigen?

Sie merken, worauf ich hinauswill:

Es geht nicht um die Frage, wie viele Menschen die Erde ernähren kann. Man hat ja ausgerechnet, daß alle heutigen Menschen satt werden könnten, wenn die Verteilung stimmen würde. Man hat allerdings nicht ausgerechnet, wie nachhaltig das zu bewerkstelligen wäre. Und man hat uns auch nicht gesagt, wie, wenn alle satt werden, das Bevölkerungswachstum gebremst werden könnte.

Es geht um zwei Fragen: Wie viele Menschen sind der Erde zuträglich? Und: Wie viel »Erde« braucht der Mensch, um menschenwürdig – human über die materiellen Bedürfnisse hinaus – zu leben.

An einem einfachen Beispiel möchte ich Ihnen illustrieren, wie sich mir die Frage nach der Humanität stellt:

In einem fiktiven 500 Quadratkilometer großen Gebiet im Amazonasbecken leben, sagen wir, 5.000 Indianer in ihrer ursprünglichen Lebensweise, die seit Jahrtausenden nachhaltig ist, das Land nicht ausbeutet und einer enormen Artenvielfalt Raum läßt. Daneben leben in einem weiteren 500 Quadratkilometer großen Gebiet 50.000 arme Bauern, die Hunger leiden. Würden sie das Indianerland bebauen, würde das Land sie ernähren und die 5.000 Indianer auch.

Aus anthropozentrischer Sicht ist klar, was die Humanität hier gebietet: Jeder hat ein Recht, satt zu werden; und was zählt, ist der Mensch und sein Überleben.

Aber ist das wirklich human in dem Verständnis, das ich hier einführen möchte, der Mensch nämlich immer gedacht als Mensch+Erde? Hier würde eine menschliche Lebensweise und eine Sprache zerstört, eine Stammesstruktur und eine mythologische Überlieferung und Verbindung zum Land; gar nicht zu reden von dem Verlust an Lebensvielfalt – und vielleicht sogar an Lebensfreude.

Doch läßt man den Indianern ihr Land, was machen dann die armen Bauern?

An diesem Punkt setzt Dolores LaChapelle an: Wie in unserer Gesellschaft mit den Frauen umgegangen wird, wie mit dem Land umgegangen wird und mit Sexualität und Nachkommenschaft, das heißt, mit der menschlichen Vermehrung, das hängt zusammen und hat einen tiefgreifenden Einfluß auf die Ökologie, viel tiefgreifender als Kohlendioxidausstoß oder Wasserverschmutzung. (Wollte man überspitzen, könnte man auch sagen, der Papst mit seinem Verbot von Verhütungsmitteln trägt mehr zur Klimaerwärmung bei als der Luftverkehr.)

Jedenfalls ist unser Umgang mit der Sexualität und der Geburtenkontrolle eine Frage, die mit dem ökologischen Gleichgewicht genauso zu tun hat wie mit würdigem Menschsein. Und es ist eine Frage, die vielschichtig ist und sich einfachen Antworten entzieht.

Tastend und behutsam, gleichwohl vorbehaltlos und radikal geht Dolores LaChapelle dieser Frage nach.

Dolores LaChapelle

Sexualität – Der vergessene Schlüssel zur Versöhnung von Mensch und Erde

Dieser forschende Versuch wagt sich auf das weite Feld einer radikalen Hinterfragung des Wesens der Beziehung zwischen der menschlichen Sexualität und der äußeren Natur. Andere, wie Wilhelm Reich, Norman Brown und Herbert Marcuse,* sind vom Individuum aus- und dann dazu übergegangen, die sexuellen Hintergründe unserer Kultur zu hinterfragen. Diese Herangehensweise ist für meine Zwecke zu eng, zu anthropozentrisch.** Ich gehe in dieser Sache vielmehr radikal vor, an die Wurzeln (Lat. *radix* = Wurzel), indem ich drei verschiedene Quellen in meine Betrachtung einbeziehe – die alle die wechselseitige Beziehung von Menschlichem und Nicht-Menschlichem anerkennen: erstens die Kulturen der Naturvölker; zweitens den Daoismus (Taoismus) mit seinen unmittelbaren Bezügen zu den Naturvölkern; drittens D. H. Lawrence, der in der modernen Literatur der einzige ist, der sich zu den Fragen vom Zusammenhang zwischen menschlicher Sexualität und Natur vorgewagt hat.

> Der erste Schritt auf unserer Suche nach einem zeitgemäßen ökologischen Bewußtsein besteht darin,
> die *richtigen Fragen* zu stellen.

---

* Der Psychiater, Psychoanalytiker, Sexualforscher und Soziologe Wilhelm Reich (1897 - 1957) war einer der Pioniere der Körperpsychotherapie. Von ihm stammt auch die Bezeichnung »Orgon« bzw. »Orgon-Energie« für die Lebensenergie.

Norman O. Brown (1913 - 2002) war Klassizist, studierte aber auch Sigmund Freud. Sein Buch *Love's Body* (Der Körper der Liebe, 1966) über die Konflikte zwischen Erotik und Geselschaft im Laufe der Geschichte, wurde von Herbert Marcuse kritisiert.

Herbert Marcuse (1898 - 1979) war ein deutsch-jüdischer Philosoph, Soziologe und Politologe. 1955 veröffentlichte er den Essay *Eros and Civilization – A Philosophical Inquiry into Freud* (Eros und Kultur – Ein philosophischer Beitrag zu Sigmund Freud, 1957).

** *anthropozentrisch*, von griech. *anthropos* = Mensch und *kentron* = Mittelpunkt, heißt, das sich alles um den Menschen dreht und der Mensch alles auf sich bezieht.

Beginnen möchte ich jedoch mit einem kleinen Einblick in meine persönlichen Erfahrungen und mit den biologischen, entwicklungsgeschichtlichen Grundlagen. Außerdem müssen wir Begriffe wie »**Biosphären-**« und »**Ökosphären-Völker**« erklären (siehe S. 47), damit klar wird, in welchem Zusammenhang unsere Beziehung zu unserem Körper (unserer Sexualität) und zum Land, zur uns umgebenden Natur zu sehen ist.

Dieser Essay ist ein Versuch und wird mehr Fragen aufwerfen als beantworten, doch der erste Schritt auf unserer Suche nach einem zeitgemäßen ökologischen Bewußtsein besteht darin, die richtigen Fragen zu stellen. Denn damit haben wir kaum begonnen.

> Liebe ist eine Energie – nichts, das du erzwingen kannst. Liebesenergie ist eine Kraft, der du dich öffnen kannst, weil sie unter der Oberfläche immer da ist. Liebesenergie ist voller Freude... Was wir Sexualität nennen, ist nur ein kleiner Teil dieser Liebesenergie.
>
> William A. Ross

Persönliche Einführung

Da Erotik und Sex ein grundlegender Antrieb für jeden Menschen sind, möchte ich kurz darauf eingehen, wie und was ich in meinem eigenen Leben erfahren habe.

Ich wurde katholisch erzogen, und wenn ein katholisches Mädchen zum Teenager wird, hat es die ganze Last des Jungfrauenideals der Kirche zu tragen. So wurde Sex ein Problem für mich. Jahrelang kämpfte ich darum, meine Jungfräulichkeit gegen alle Angriffe zu bewahren.

Nach der Uni ging ich nach Aspen in Colorado, um als Lehrerin zu arbeiten, weil ich dort in den Bergen leben konnte. Das war noch, bevor es modern wurde oder unmodern (je nachdem, wie man es betrachtet). Zu jener Zeit hatte Aspen von allen Städten dieses Landes, die ich kenne, am ehesten eine wirkliche Kultur.

Zu der Zeit war Skifahren noch nicht populär und niemand ahnte, daß es bald Teil der Konsumindustrie werden würde. In der Stadt gab es viele ehemalige Männer der Bergtruppe, die sich ein Jahr Auszeit nahmen, um Ski zu laufen, bevor sie eine »normale« Arbeit aufnahmen. Die zweite wichtige Gruppe von Männern waren die europäischen Skilehrer. Ich traf Verabredungen mit den Männern der ersten Gruppe, aber auch die Männer der zweiten Gruppe hielten sich oft bei mir und zwei Freundinnen auf, um mit uns drei Jungfrauen zu reden, einfach weil wir in dieser Stadt ständig auffielen.

Ich hatte im glorreichen Kampf um meine Jungfräulichkeit meine Energie jahrelang verausgabt, bevor ich beschloß, dann doch lieber zu heiraten und »das Problem« auf diese Weise zu lösen, damit ich mich wichtigeren Dingen im Leben zuwenden konnte. Ich heiratete einen Bergsteiger, denn ich dachte, wenigstens würde ich dann weiter bergsteigen können, was mir wirklich wichtig war. Natürlich war die Heirat nicht die Lösung »des Problems«, es wurde nur noch größer.

Mein Mann hatte vor unserer Ehe ein Jahr lang mit einer Frau zusammengelebt und war einfachen, normalen Sex gewöhnt. Ich war daran gewöhnt, meine Jungfräulichkeit mit Händen und Füßen zu verteidigen, sogar noch, als wir sexuell intensiv zusammen waren. So kam es nie zum entscheidenden letzten Akt.

So war diese Verbindung natürlich zum Scheitern verurteilt. Zwar blieben wir verheiratet, denn unser Lebensstil war ähnlich und seine Arbeit als Gletscherforscher ermöglichte es uns, weiter in den Bergen zu leben. Aber wir konnten nicht über diese Dinge reden, denn es war nicht die Art meines Ex-Mannes, über tiefgehende, persönliche Dinge zu sprechen. Ich trug eine schwere Last, da weder auf der sexuellen noch auf der verbalen Ebene eine Kommunikation möglich war.

Ich hatte keinen Orgasmus – wie sollte ich auch mit meinem katholischen Ideal der »Reinheit«; es gab jedoch viele interessierte Männer, mit denen ich Ski lief und kletterte und die durchaus bereit waren, meine sexuellen Bedürfnisse zu befriedigen. Ich jedoch war dreifach gebunden: Als Katholikin konnte ich keine außereheliche Beziehung haben, ohne eine Todsünde zu begehen; darüber hinaus sollte eine Heirat für die Ewigkeit sein, so daß ich mich nicht einfach scheiden lassen und wieder heiraten konnte. Und zu guter Letzt konnte ich noch nicht einmal Selbstmord begehen, denn auch das war eine Todsünde und ich würde in die Hölle kommen.

Heute, Jahre später, erscheint dieses dreifache Problem lächerlich, denn ich bin nicht mehr katholisch. Jetzt bin ich selbst erstaunt, daß ich fest an diese Dogmen geglaubt habe. Damals aber habe ich ganz fest an all das geglaubt. Und es liegt auf der Hand, daß es zu jeder Menge Streß und Ärger und Frustration geführt hat.

Schließlich erlöste mich eine Lawine. Ich hatte die Freundschaft zu einem Skifahrer sehr eng werden lassen, denn ich fühlte mich »sicher«. Er hatte seiner Freundin aus Kalifornien eine Arbeit auf einer Berghütte besorgt, und sie kam nach. Ich dachte, unsere Nähe fände ein Ende, wenn sie da wäre, aber er liebte mich noch immer. Es kam hinzu, daß es seit über einem Monat keinen Neuschnee mehr gegeben hatte. Und das ist für einen Tiefschneeläufer verheerend.

Dann endlich schneite es. Am ersten klaren Tag waren wir draußen.

Schließlich waren wir sämtliche Abhänge hinuntergefahren, nur einer war noch übrig. Dort fuhr niemand außer der Skipatrouille und den Skilehrern.

Unsere letzte Abfahrt war also dieser Abhang – ein paar Männer von der Skipatrouille, ein befreundeter Bergsteiger aus Kanada und ich. Als wir auf dem Kamm über Alta waren, löste sich meine Bindung. Ich hielt an, um sie wieder zu befestigen. Inzwischen waren die vier Männer den ersten offenen Hang hinabgefahren und warteten unter den Bäumen auf mich.

Die Lawine kam, als ich den offenen Hang hinunterfuhr. Ich versuchte den üblichen Trick. Wenn man seine Skier fest nach unten preßt, kann man manchmal aus der Lawine herausfahren; doch dieser Abhang war viel zu steil. Ich drückte meine Skier nach unten, aber da war kein Berg unter ihnen. Ich flog durch die Luft! Wirbelte herum. Ich dachte: Das überlebe ich nicht. Aber es ist gut, daß ich sterbe. Ich habe diesen Kampf mit der Sexualität satt.

Dann landete ich – und lebte noch! Das war ein Schock. Ich überlegte, wie ich eine Hand aus dem Schnee strecken konnte, damit man mich nicht suchen mußte; denn wenn mein Mann, den man zur Rettung rufen würde, nach mir suchen müßte, würde er mir nie mehr erlauben, im Tiefschnee zu fahren. Ich schaffte es, eine Hand nach draußen zu strecken, solange der Schnee sich noch bewegte. Wenn er aufhört, sich zu bewegen, wird er hart wie Beton. Jedenfalls konnte ich meine Hand bewegen; sie mußte also draußen sein. Dann verlor ich das Bewußtsein.

Drei der Männer gehörten ja der Skipatrouille an, und so hatten sie mich ziemlich schnell ausgegraben. Den Rest des Weges wurde ich auf einem Schlitten transportiert und dann mit dem Auto des Sheriffs in die Klinik gebracht.

Ich merkte, daß etwas nicht stimmte, denn ich konnte meine Beine nicht bewegen. Ich hatte Angst, gelähmt zu sein. Dann bekam ich eine Betäubungsspritze und war weg.

Am nächsten Morgen erwachte ich in einem Gipsbett. Ich war glücklich, denn ich konnte meine Zehen bewegen. Ich war nicht gelähmt! Es ist nicht so schlimm, in einem Gipsbett zu liegen, wenn man die Zehen bewegen kann. Dann kam der nächste Gedanke: Ich bin immer noch am Leben, und meine Probleme sind immer noch ungelöst.

In dem Augenblick kam der Durchbruch: Ich war bereit gewesen, für meinen katholischen Glauben einen Märtyrertod zu sterben! – Ich hatte lieber sterben wollen, als die Todsünde zu begehen, sexuellen Verkehr zu haben. Aber »sie« haben mich nicht sterben lassen. Also konnte ich damit aufhören, mir Gedanken zu machen. So einfach war das.

So »verlor« ich die katholische Religion. Meine Freunde konnten kaum glauben, daß es so leicht für mich war. Aber die Lawine hatte die Entscheidung für mich getroffen. Eine Freundin sagte: »Manche Menschen sind so halsstarrig, daß sie erst einen Berg hinabgeworfen werden müssen, um aufzuwachen.«

In Todesnähe werden viele zu gläubigen Christen; mich hatte dieses Erlebnis vom christlichen Glauben befreit.

Nach dieser Erkenntnis folgte ein paar Jahre später unweigerlich die Scheidung. Bis dahin hatte ich einige echte Beziehungen. Mit manchen Männern konnte ich Techniken erforschen, die aus dem sexuellen Tantra kommen, auch sexuelles Yoga genannt, und sie wirken tatsächlich, da sie mit der Atmung und dem Energiefluß zusammenhängen – nicht nur mit genitalem Sex. Da diese Beziehungen sich entweder beim Skifahren oder Bergsteigen entwickelten, waren diese Männer im allgemeinen jünger als ich.

> Die Vorstellung, zwei junge Menschen ohne Erfahrung zusammenzubringen und sie die sexuellen Probleme allein lösen zu lassen, gibt es in den wenigsten Kulturen.

Daher verstand ich auch sehr gut, was Paul Shepard* in seinem Buch *The Tender Carnivore and the Sacred Game* (Das zärtliche Raubtier und das heilige Wild) aufzeigte. Bei den meisten Naturvölkern ist in der Ehe die Frau älter und der Mann jünger. Wenn die Frau gestorben ist oder wenn es Zeit für eine zweite Frau ist, ist der Mann älter und die Frau jünger. Die Vorstellung, zwei junge Menschen ohne Erfahrung zusammen-

---

* Der Amerikaner Paul Howe Shepard (1925 - 1996) war ein graduierter Ökologe, Ethnologe und Umweltschützer. Seine Forschungen zur Evolutionstheorie und Entwicklungspsychologie trugen Wesentliches zur Tiefenökologie bei.

zubringen und sie die sexuellen Probleme allein lösen zu lassen, gibt es in den wenigsten Kulturen.

Da ich die San Juan-Berge liebe und dort leben wollte, hatte ich mich der Möglichkeit einer beständigen Beziehung beraubt. Obgleich ich tiefe und langjährige Beziehungen zu bestimmten Männern hatte, fand keiner von ihnen hier in dieser Bergbaustadt ein Auskommen. Also kommen sie immer wieder einmal für eine Zeit zu Besuch.

Männer brauchen mehr als Frauen »Gleichgesinnte«, ihre Kumpel halt. Und die gab es hier nicht. Für mich und meine Liebe zu den Bergen steht der Heimatort an erster Stelle. Unter diesen Umständen bevorzuge ich eher die Idee des »jahreszeitlichen Ehemanns«. Dieses Bild paßt zu der primitiven* Vorstellung, nach der die Frau die Hütte oder das Tipi besitzt, und die Männer den Umständen entsprechend kommen und gehen.

> Im wesentlichen geht es darum, Sex nicht als »Sache« oder »Gegenstand« anzusehen, sondern als eine »Bezogenheit« auf alles Lebendige an einem bestimmten Platz.

Im Westen Kanadas gab es vor einigen Jahren einen Ort, wo Menschen wieder lernten, ihr Tal zu »bewohnen«. Dort lebte eine Frau mit vier »Ehemännern«. Jeder Mann kam zu seiner Jahreszeit und ging dann wieder, um dem nächsten Platz zu machen. Und die Frau lebte an dem Platz, den sie liebte!

In all den Jahren habe ich gelernt, daß wahrer Sex heilig ist, aber auch, daß es ohne heiliges Land keinen heiligen** Sex gibt. In unserer abendländischen Kultur ist dieser Gedanke ganz neu, während er in den meisten anderen Kulturen die Lebensgrundlage des Volkes war. In diesem Buch möchte ich also einen Blick auf diese für uns Abendländer völlig andere Betrachtungsweise von Erotik und Sex werfen. Im wesentlichen

---

*»primitiv« wird oft abwertend verwendet. Die Autorin benutzt diesen Begriff aber in seiner wörtlichen Bedeutung von »Erste ihrer Art, ursprünglich«.

** Vergl. Fußnote S. 9

geht es darum, Sex nicht als »Sache« oder »Gegenstand« anzusehen (wie es die christlich-europäische, anthropozentrische Kultur im allgemeinen tut), sondern als eine »Bezogenheit« auf alles Lebendige an einem bestimmten Platz.*

---

* Hier wird bewußt der Begriff »Bezogenheit« eingeführt, weil nicht eine Beziehung gemeint ist, sondern ein Beziehungsgeflecht; aber auch dieses nicht als eine »Sache«, die man untersuchen oder analysieren kann, sondern als ein »im Anwesenden wesendes« (Martin Heidegger). Eine Beziehung *hat* man, in einer Bezogenheit *ist* man. (Anm. d. Übers.)

»Es ist ein großes Thema, wenn Natur und Kultur aufeinanderprallen. Sex erregt unsere Körper, drückt unsere Identität aus, wird von unserer Fantasie genährt und berührt unsere Seele. Er verbindet unser eigentliches Ich mit der Welt um uns herum.«
Kim Catrall

Was Sexualität heute bei uns ist – und was sie eigentlich sein kann

> *Oh, welch ein Unglück, welch eine Verstümmelung der Liebe, als sie zu einem persönlichen, rein persönlichen Gefühl wurde, getrennt vom Auf- und Untergehen der Sonne, abgeschnitten von der magischen Verbindung zu den Sonnenwenden und Tagundnachtgleichen! Das ist es, woran wir kranken, **wir bluten an den Wurzeln**, denn wir sind von der Erde, der Sonne und den Sternen abgeschnitten, und die Liebe ist ein grinsendes Possenspiel, weil wir sie, die arme Blüte, von ihrem Stengel am Baum des Lebens gepflückt haben. Und wir erwarten, daß sie in unserer zivilisierten Vase auf dem Tisch weiterblüht.*
>
> D. H. Lawrence, *Lady Chatterley's Lover*

Wir »bluten an den Wurzeln«, denn wir leiden darunter, daß wir Sex wie etwas Gegenständliches, wie eine Sache behandeln. Tatsächlich ist der größte »Mißbrauch des Gegenständlichen« die Monogamie: Ein Mensch solle alle Bedürfnisse eines anderen für immer befriedigen! Man brauche keinen anderen, auch nicht die Erde, die Sonne oder die Sterne! Wenn man sich das wirklich vor Augen führt, wird ganz offensichtlich, daß das Unsinn ist. Jedoch ist genau das die eigentliche Bedeutung der Vorstellung von »romantischer Liebe« und der für »richtig« gehaltenen Monogamie, die daraus entspringt. Der heutige Lebensstil der »seriellen Monogamie«, wo man heiratet, sich scheiden läßt und wieder heiratet, ist genauso schlimm, wenn nicht schlimmer. Alle Kraft wird darauf verwendet, daß die monogame Ehe »läuft«, dann die nächste und wieder die nächste. *In das Ganze der Kultur oder des Platzes wird keine Energie zurückgeführt*. Einer der Gründe für das monogame »Ideal« ist natürlich der, daß es die industrielle Wachstumsgesellschaft am Leben erhält. Es werden unaufhörlich »Dinge« gebraucht, um dieses Ideal zu erhalten: neue Frisuren, neues Make-up, neue Mode, neue Mittelchen, neue Möbel und ein neues Haus, um erneut ein »neues Leben« zu beginnen.

Häufig erweist sich die moderne »Liebe« als eine Form der »Sucht«. Anstelle einer Beziehung, in der zwei Menschen einander helfen, sich in einem größeren Zusammenhang zu entwickeln, beruhen viele Beziehungen auf dem Bedürfnis nach der Sicherheit, immer jemanden zu haben. Das heißt, »so viel Zeit wie möglich mit jemandem zu verbringen, der vollkommen auf die Bedürfnisse des anderen eingeht … der Einzelne ist abhängig von jemandem, den er als Objekt betrachtet; das Verlangen nach dem Objekt, die ›Liebe‹, ist

> Ein Mensch solle alle Bedürfnisse eines anderen für immer befriedigen! Man brauche keinen anderen, auch nicht die Erde, die Sonne oder die Sterne! Wenn man sich das wirklich vor Augen führt, wird ganz offensichtlich, daß das Unsinn ist.

wirklich eine Abhängigkeit«. Das schreiben Peale und Brodsky in ihrem Buch *Love and Addiction* (Liebe und Abhängigkeit).

Aus dieser Abhängigkeit wird süchtige Liebe. Der Journalist Phil Donahue bringt es in seinem Buch *The Human Animal* (Das menschliche Tier) auf den Punkt: »Auf neurophysiologischer Ebene ist Zuneigung im wesentlichen ein Suchtphänomen, das mit opiatähnlichen Substanzen in Verbindung steht.« Die wissenschaftliche Forschung hat herausgefunden, daß das Gehirn den Opiaten ähnelnde Substanzen produziert, wenn man »sich verliebt«. Aber zum Glück sind »romantische Liebe« und Sex zwei verschiedene Dinge.

> Die Welterneuerungsfeste alter Kulturen beinhalten immer sexuelle Riten. Ohne sexuellen Kontakt gibt es keine Erneuerung des Lebens. Die erhoffte »Fülle«, die aus den sexuellen Riten dieser Feste entsteht, ... gilt für *alles* Lebendige dieses Platzes – alles Leben möge zu voller »Blüte« gelangen.

Sex ist wirklich die natürlichste Sache der Welt! Alle Tiere haben Sex, um Nachkommen zu zeugen, damit die Art nicht ausstirbt. Die höheren Primaten setzen Sex auch zum *Bonding* (Bindung herstellen) innerhalb der Gruppe ein. Und wie unsere Verwandten, die Schimpansen, haben wir ritualisierte sexuelle Techniken, die dem Bonding dienen. Die meisten Naturvölker haben sexuelle Rituale in die großen Feste integriert.

Die Welterneuerungsfeste alter Kulturen beinhalten immer sexuelle Riten. Ohne sexuellen Kontakt gibt es keine Erneuerung des Lebens. Die erhoffte »Fülle«, die aus den sexuellen Riten dieser Feste entsteht, ist nicht allein auf die Menschen beschränkt, sondern gilt für alles Lebendige dieses Platzes – alles Leben möge zu voller »Blüte« gelangen.

»Jede Lebensform hat das gleiche Recht zu leben und zu blühen.« Das ist eines der wichtigsten Ziele der Tiefenökologie, wie Arne Naess* sie 1972 formuliert hat. D. H. Lawrence (siehe S. 100) hat fünfzig Jahre zuvor schon dasselbe gesagt, als er schrieb: Alle Lebewesen müssen »zu ihrem Erblühen streben«.

Die skandinavische Schriftstellerin Sigrid Undset war damals die einzige Zeitgenossin, die weitsichtig genug war, die Bedeutung von Lawrences Werk zu verstehen. Sie erklärte: »Lawrence ist ein Symbol seiner Zivilisation in dem Augenblick, als sie in eine Krise gerät ... in eine Bevölkerungskrise und eine ökonomische Krise.« Sigrid Undset schrieb kurz vor dem Zweiten Weltkrieg: »Was heute in Europa passiert und was zweifellos in der Zukunft geschehen wird, ist die brutale Reaktion einer Massengesellschaft auf ihre Probleme, die D. H. Lawrence, dieser außergewöhnliche Mensch, dieses Genie auf seine Weise wahrgenommen, betrachtet und bekämpft hat.« Auch heute gibt es in der christlich-europäischen Welt nur wenige, die so klar wie Lawrence die sexuellen Wurzeln der Probleme erkennen, denen sich unsere Welt gegenübersieht.

Bis zum Jahr 1979 hatte ich mir keine Gedanken über das Thema »heiliger Sex« gemacht. Doch in jenem Jahr begann ich mit der Arbeit an meinem Buch über D. H. Lawrence. Da entdeckte ich ein Zitat von ihm, das den Morgenstern auf eine ganz außergewöhnliche Weise beschrieb. Ich hatte Lawrence bislang keine Bedeutung beigemessen, doch wenn einer in dieser Weise über die Venus schreiben konnte, mußte er eine tiefe Verbindung zur Natur haben.

Das Zitat stammte aus seinem Roman *The Plumed Serpent* (Die gefiederte Schlange), den ich mir daraufhin in der Bücherei besorgte und zu lesen begann.

Mir wurde sofort klar, daß er weit mehr verstanden hatte, als es dem Sohn eines Bergarbeiters der britischen Unterklasse zur Jahrhundertwende entsprach. Ich war neugierig, wie ein Mann mit diesem Hintergrund in den Zwanziger Jahren so viel wissen

---

* Arne Dekke Eide Næss (1912 - 2009) war ein norwegischer Philosoph, der auch einen Namen als Bergsteiger hatte. Er engagierte sich besonders in der Friedensbewegung (so leitete er 1948/49 in Paris ein UNESCO-Projekt zum Ost-West-Konflikt) und ab 1970 im Umweltschutz. Er gilt als einer der Begründer der Deep Ecology, d. h. der Tiefenökologie.

konnte. Also las ich alles, was er geschrieben hatte. Und ich fand alle Antworten – sie sind klar ersichtlich; es ist einfach so, daß nur wenige Akademiker jemals Lawrence gelesen und erkannt haben, daß die Natur das Wichtigste in seinem Leben war.

Lawrence versuchte, eine vollkommen andere Vorstellung von Sexualität zu entwickeln als jeder andere heutige Schriftsteller. Soweit ich weiß, hat er die Worte »heiliger Sex« nie benutzt, obgleich sie seine Einstellung genau wiedergeben. Bei meinen Nachforschungen für meine Arbeit über Lawrence fand ich das Buch *A Discourse on the Worship of Priapus* (Eine Abhandlung über die Verehrung des Priapus), das 1786 erschienen war. Ich erkannte, daß das Christentum eine der wenigen Religionen der Welt ist, die die »Kräfte der Fruchtbarkeit« nicht gutheißen und verehren. Der Autor Thomas Wright behauptet, daß die alte »Verehrung der reproduktiven Organe« eine Art ritueller Weihe für die »befruchtende, schützende und erhaltende Kraft der Natur« war. Auch in Europa »ist deutlich zu sehen, daß der Phallus in einfacher Form von den mittelalterlichen Christen verehrt wurde und die christlichen Gebete und Anrufungen ihm zugedacht waren«.

> In den meisten traditionellen Kulturen war die Sexualität des Menschen Teil der bestehenden Ganzheit des Lebens an einem bestimmten Ort.

An Lawrences 50. Todestag (2. März 1980) hatte ich das Buch über ihn fertig. In den folgenden Jahren habe ich mein Buch an verschiedene Verlage geschickt, leider ohne Erfolg. Aber ich bin auf eine interessante Tatsache gestoßen: An den Englischfakultäten der Hochschulen in den Vereinigten Staaten fand man Lawrence immer noch geschmacklos. Von einer bekannten Universität zum Beispiel erhielt ich einen Brief, in dem stand: »Ich denke, Lawrence schreibt scheußlich.« Ich persönlich glaube, der Grund für diese Abneigung besteht darin, daß seine besten Werke mehr Gesang als Prosa sind, und Gesang wird intellektuell nicht geachtet, ebenso wenig wie eine tiefe Liebe zur Natur.

Als der Ökologe Michael Tobias* mich bat, zu seinem geplanten Buch *Deep Ecology* (Tiefenökologie) einen Aufsatz beizusteuern, ordnete ich einen Teil des Materials über Lawrence und schickte es ihm unter dem Titel »Sacred Land, Sacred Sex« (Heiliges Land, heiliger Sex). Ich wählte hierfür die Worte »heiliger Sex«, denn nach vier Jahren Forschung wußte ich, ohne heiligen Sex kann es kein heiliges Land, keine heilige Erde geben.**

In den meisten traditionellen Kulturen war die Sexualität des Menschen Teil der bestehenden Ganzheit des Lebens an einem bestimmten Ort. Sie hatte besondere Wirkungen auf das Ganze: positiv, wenn sie zur Fruchtbarkeit des Lebens beitrug, wenn die Menschen ihre Sexualität den »rituellen Wachstumszeremonien« für Tier und Pflanze beisteuerten; und negativ, wenn die Menschen die Anzahl der Kinder nicht in den Grenzen halten konnten, die ein Platz, ohne Schaden zu nehmen, ernähren konnte. Im letzteren Fall zerstören die Menschen natürlich ihre Lebensgrundlage.

> »Die westliche Kultur ist die einzige, die kein Konzept für heiligen Sex hat.«
> Thomas Wright

Das haben traditionelle Kulturen kaum über lange Zeit getan. Sie starben entweder aus oder zogen weiter oder sie eigneten sich die Rituale an, die es ihnen ermöglichten, zu bleiben. Das ist die Grundlage des »heiligen Sex«. Thomas Wright sagt: »Die westliche Kultur ist die einzige, die kein Konzept für heiligen Sex hat.« Naturvölker auf der ganzen Welt, aber auch die Daoisten (siehe die Kapitel ab Seite 81), hatten ein Konzept für »heiligen Sex«.

---

* Michael Charles Tobias (* 1951) ist ein amerikanischer Autor, Ökologe, Bergsteiger und Filmemacher. Sein Hauptthema ist die »Anthropologie des Bewußtseins«, die des Menschen Fähigkeit zu Mitgefühl, Toleranz und Gewaltvermeidung hervorhebt. Er setzt sich auch für den ethischen Umgang mit Tieren ein.

** Vergl. Fußnote S. 9

»Es gibt beim Sex eine Dimension, die darüber hinausgeht, den Akt zu vollziehen und ein sexueller Partner zu sein. Die Griechen behaupteten, daß die Welt im Eros begann ... und Eros bedeutet Verbindung.«
Thomas Moore

Sexuelle Verhaltensweisen, die wir von unseren tierischen Vorfahren übernommen haben

Zunächst einmal können alle sexuellen Gesten auf die Pflege der Jungen zurückgeführt werden, wie sie Vögel und Säugetiere entwickelt haben. Mary Midgley* erklärt: »Das verschafft uns ein ausgezeichnetes Repertoire an Gesten, die Ärger beschwichtigen und um Hilfe bitten können und die in jeder Weise das

---

* Die englische Philosophin Mary Midgley (* 1919) ist die große alte Dame der Tierrechtsbewegung. Sie wendet sich scharf gegen reduktionistische und »wissenschaftliche« Konzepte, wenn sie den Anspruch erheben, die Humanwissenschaften zu ersetzen, eine Rolle, für die sie nach Midgley ganz und gar nicht taugen. Sie spricht sich auch für eine moralische Interpretation der Gaia-Hypothese aus.

Getriebe der Gesellschaft schmieren. Geschöpfe, die mit hilflosen und fordernden Jungen umgehen, müssen eine angeborene Freundlichkeit und Toleranz besitzen. Daher können andere Erwachsene diese Quellen anzapfen, wenn sie sich auf kindliche Weise benehmen.«

Balzende Vögel nähern sich einander mit aufgerissenem Schnabel, so wie die Jungen im Nest ihren Schnabel nach der Nahrung aufsperren. Irenäus Eibl-Eibesfeldt* zufolge entwickelte sich das Küssen daraus, daß die Mutter die Nahrung vorkaute und dann den Jungen gab. In seinem Buch findet man ein modernes Werbefoto für Kekse, wo ein junger Mann einer Frau einen Keks von Mund zu Mund überreicht, die sexuellen Anspielungen dieser Handlung werden voll ausgenutzt. Die Verhaltensmuster beim Flirten sind auf der ganzen Welt dieselben. Eibl-Eibesfeldt hat diese Verhaltensmuster in so unterschiedlichen Kulturen wie denen der Eskimo, Afrikaner und modernen Menschen fotografiert. Diese Muster stimmen so weit überein, daß er sie für biologische Muster hält, die wir von unseren tierischen Vorfahren geerbt haben.

Bei den meisten Säugetieren sind alle Weibchen zu gleicher Zeit heiß. Das schafft große Rivalität unter den männlichen Tieren. Gewöhnlich sichert sich dann das stärkste Männchen einen Harem von Weibchen, und die anderen Männchen ziehen allein oder in Junggesellengruppen umher. Dabei bricht die Kontinuität der Beziehungen in der Herde oder Gruppe auseinander.

Bei höheren Primaten wurde dieses biologische Muster durchbrochen. Da die Weibchen das ganze Jahr über heiß werden können, gibt es immer einige, die bereit sind; Kopulation

---

* Irenäus Eibl-Eibesfeldt (* 1928) ist ein österreichischer Verhaltensforscher und war ein Schüler von Konrad Lorenz. Er ist Begründer der von ihm benannten Humanethologie, der Verhaltensforschung am Menschen. 1995 wurde ihm das Große Verdienstkreuz der BRD verliehen, 1998 das Österreichische Ehrenkreuz für Wissenschaft und Kunst I. Klasse.

ist ständig möglich. Schaller sagt, daß Gorillas keine Eifersucht zeigen. Die Zeugung ist während des ganzen Jahres möglich; somit ist Sexualität zu einer Möglichkeit geworden, engere Bindungen zu schaffen. Sie hat nicht mehr das zeitweilige Aufbrechen der Gruppe zur Folge wie bei den meisten anderen Säugetieren.

Wenn bei den meisten Säugetierarten das Weibchen in die Brunft *(Östrus)* kommt, fängt es an, die Männchen mit verlockenden Düften und Gesten zu umwerben. Der Zyklus des Östrus wird von den Eierstockhormonen kontrolliert, vornehmlich Östrogen. *Östrogen* und *Östrus* leiten sich aus dem griechischen Wort für »Viehbremse, Störenfried« ab, was unterstellt, daß die Weibchen durch den »zeitweiligen Aufruhr in ihrem endokrinen System« plötzlich »verrückt« werden, wie die Verhaltensforscherin und Primatologin Sarah Hrdy treffend formuliert.

> Bei den höheren Primaten haben die Weibchen der meisten Arten eine bestimmte Zeit, in der sie heiß sind ... Frauen jedoch können zu jeder Zeit Interesse an Sex haben.

Auch wenn der strenge, jahreszeitlich gebundene sexuelle Zyklus bei den höheren Primaten aufgebrochen ist, so haben die Weibchen der meisten Arten doch eine bestimmte Zeit, in der sie heiß sind und das stärkste sexuelle Interesse haben. Frauen jedoch können zu jeder Zeit Interesse an Sex haben. Der Geograph und Kulturforscher Carl Sauer vermutet, daß die Aufweichung des Zyklus und der Verlust des Östrus »wahrscheinlich eine Folge der Domestizierung ist. Dieses mag schon früh in der Geschichte des Menschen aufgetreten sein, der ja das älteste domestizierte Geschöpf ist«.

Bei den Pavianen können mehrere Männchen mit einem einzigen Weibchen Junge aufziehen. Die Werbung, daß sie bereit ist, bewahrt sie vor der Mühe, individuell Aufmerksamkeit zu erregen. Hrdy berichtet: »Die jahrelange Beobachtung der Primaten von einem männlichen Blickwinkel aus ließ viele Wissenschaftler glauben, die Besamung sei der einzige Grund für das Sexualverhalten der nicht-menschlichen Säugetiere.« Aber von einem weiblichen Standpunkt aus betrachtet, gibt es noch andere Gründe. Männliche Gefährten können dem Weibchen bei der Pflege der Jungen helfen, und außerdem neigen »Männchen, die sich mit dem Weibchen gepaart haben, weniger dazu, ihre Jungen zu gefährden«.

Die Makak-Affen leben unter den schwierigsten Bedingungen im Atlasgebirge in Marokko. Sie sind ein Beispiel dafür, wie nützlich es ist, wenn mehrere Männchen bei der Aufzucht der Jungen helfen. Die Weibchen sind eine kurze Zeit heiß und zeigen ihre leuchtend rote Schwellung. »Ein Weibchen kopuliert auf dem Höhepunkt ihres Zyklus' alle 17 Minuten und paart sich wenigstens einmal mit allen männlichen Erwachsenen der Gruppe.« Der Verhaltensforscher David M. Taub, der diese Primaten erforscht hat, glaubt, daß diese Promiskuität* den Jungtieren hilft zu überleben, denn mehr Männchen tragen und beschützen ein Junges, und, was noch wichtiger ist, sie halten es im kalten Winter der Berge warm. Jedes Männchen kümmert sich um mehrere Jungtiere, so haben mehr eine Überlebenschance.

> Bei Menschenfrauen ist auch nicht zu erkennen, an welchem Punkt ihres Zyklus' sie sich gerade befinden.

Auf der anderen Seite kann es für andere Primaten auch von Vorteil sein, keine Östrussignale zu zeigen. Alleinlebende Weibchen, etwa bei den Orang Utans, und Weibchen, die mit einem männlichen Tier zusammenleben, paaren sich mit dem stärksten Männchen, können aber auch mit anderen kopulieren, wenn sie unbekannte Männchen anderer Gruppen treffen. Vielleicht will sich das Weibchen mit diesen anderen Männchen paaren, vielleicht auch nicht, und so ist es besser, wenn sie ihre Brunft nicht zur Schau stellt. Bei Menschenfrauen ist

---

* Promiskuität bezeichnet die Praxis, sexuelle Kontakte mit verschiedenen Partnern zu haben, ohne langfristige Bindungen einzugehen.

auch nicht zu erkennen, an welchem Punkt ihres Zyklus' sie sich gerade befinden. Jede dieser beiden Strategien kann ein *engeres* Bonding begünstigen, innerhalb einer Gruppe und auch zwischen zwei verschiedenen Gruppen.

Die Yale-Anthropologin Nancy Thompson Handler hatte mit einer Herde von Pygmäenschimpansen in Afrika gearbeitet. Einmal war sie an einer bestimmten Stelle im Wald, als sich dort zwei Gruppen von Pygmäenschimpansen begegneten. Sie kletterten alle auf einen Feigenbaum und begannen mit einer Massenkopulation. Handler kommentiert: »Wenn das eine Wiedersehensfeier der Pygmäenschimpansen ist, haben sie eine tolle Art, ›Hallo‹ zu sagen.«

Bei Tieren gibt es alle Arten von Paarung, von der Polyandrie (Vielmännerei) über Monogamie (Einehe) bis zur Polygynie (Vielweiberei). Erst in jüngster Zeit verstehen die Biologen, welche Faktoren die eine oder die andere Art begünstigen. Eine wesentliche Rolle spielt die vielfältige Verflechtung zwischen der genetischen Struktur und der Weise, wie eine Art ihre Nahrung beschafft. Bei Vögeln zum Beispiel, wo die Weibchen die Eier im Körper tragen, scheint das Männchen seiner eigenen Wege gehen und sich wieder paaren zu können, wenn es will. Bei den meisten Gattungen jedoch bleibt der männliche Vogel da. Die meisten Vogelarten leben monogam – mindestens für eine Brutzeit –, weil die Kooperation zweier erwachsener Vögel nötig ist, um während der langen Brutzeit die Eier warm zu halten und anschließend die Jungen zu füttern.

Unseren Vorfahren, den Primaten, diente Sex als Bindungsmechanismus innerhalb der Horde. In der Gemeinschaft der Frühmenschen sammelten die Frauen die tägliche Nahrung, die Männer gingen auf die Jagd. Von den Primaten hatten sie übernommen, daß Sex sowohl zur Bindung innerhalb der Gruppe als auch zur Fortpflanzung diente. Bisher hat niemand die Bedeutung der Verbindung zwischen dem Teilen der

Nahrung und der Sexualität so gut erklärt wie Richard Leakey, Sohn des bekannten Anthropologenpaares Mary und Louis Leakey.*

Er schrieb: »Wahrscheinlich entstand die hochentwickelte menschliche Sexualität als emotionaler Kitt ... in dem einzigartigen Band gegenseitiger Abhängigkeit bei der Kinderaufzucht des Homo sapiens. Hätten unsere Vorfahren nicht vor etwa drei Millionen Jahren die wirtschaftliche Aufteilung des Sammelns und Jagens erfunden, wären wir heute weder so intelligent noch sexuell aneinander interessiert.«

---

* Mary Leakey (1913-1996) war eine der bedeutendsten Paläoanthropologen des 20. Jahrhunderts, die die Überreste verschiedener Frühmenschen aufgespürt hat. Ihr Sohn Jonathan (* 1940) entdeckte 1960 die fossilen Reste des ersten je gefundenen *Homo habilis*. Ihr zweiter Sohn Richard (* 1944) fand fossile Schädel von *Homo habilis* und *Homo erectus* in Kenia. Verheiratet war sie mit dem britischstämmigen Paläoanthropologen Louis S. B. Leakey (1903-1972). Er war es übrigens, der 1960 Jane Goodall zu ihrer weltberühmt gewordenen Forschungsarbeit mit frei lebenden Schimpansen motivierte – und auch Dian Fossey inspirierte, mit freien Gorillas zu leben.

»Sex ist dann am besten, wenn die Partner auch sonst auf derselben Wellenlänge sind. Ein Mann kann technisch gesehen der perfekte Liebhaber sein. Doch den besten Sex hat man, wenn beide einfach loslassen.«
Kim Catrall

Strategien der Natur zur Geburtenkontrolle

Es ist klar, daß Mütter in belastenden Lebenssituationen keine Kinder bekommen können, die zu harmonischen Individuen heranwachsen und mit sich selbst und ihrer natürlichen Umwelt im Frieden sind. Psychiatrische und soziale Fallstudien haben das mehrfach bewiesen. Natürlich haben ganz außergewöhnliche Belastungen gelegentlich auch außergewöhnliche Begabungen hervorgebracht, durch die das Individuum heraussticht und Anerkennung findet, aber solche »Genies« haben selten etwas wirklich Wertvolles *für das Leben der Gemeinschaft* getan.

Bei den meisten Tierarten – ausgenommen beim Menschen – kann Streß eine Empfängnis verhüten und, was noch verwunderlicher ist, sogar eine bestehende Schwangerschaft beenden.

Ich kann an dieser Stelle nur einige Beispiele anführen. Ich beziehe mich dabei überwiegend auf die Arbeit von Wolfgang Wickler, dem bekannten deutschen Verhaltensforscher, der *Sind wir Sünder? Naturgesetze der Ehe* geschrieben hat.

Überbevölkerung, Aggression innerhalb der Herde, extreme Kälte und Unterernährung können Streß hervorrufen, dessen »Kennzeichen die Tatsache ist, daß die Nebennierenrinde mehr Hormone als gewöhnlich produziert. Das bedeutet weniger Wachstums-, Schilddrüsen- und Sexualhormone als sonst«.

Bei wilden Kaninchen gibt es den sogenannten Bruce-Effekt. Wenn zum Beispiel ein fremdes männliches Kaninchen in die Nähe eines schwangeren Weibchens gesetzt wird, kann allein sein Geruch einen Abort* auslösen. »Die Embryos, die sich im Uterus der Mutter entwickelt haben, werden zerstört.« Das kann sogar noch wenige Tage vor der Geburt passieren. Wickler behauptet, bei wilden Kaninchen in Neuseeland werden über die Hälfte aller Schwangerschaften auf diese Weise beendet.

> Bei den meisten Tierarten – ausgenommen beim Menschen – kann Streß eine Empfängnis verhüten und sogar eine bestehende Schwangerschaft beenden.

Eine andere hervorragende Arbeit darüber, wie die Natur die Nachkommenschaft begrenzt, ist *Biological Mechanisms of Population Regulation*. Wird Streß durch Überbevölkerung hervorgerufen, wächst die Aggression in der Gruppe. Daraus resultiert eine »verminderte Sekretion von *gonadotropen* (auf die Keimdrüsen einwirkenden) Hormonen und eine vermehrte Produktion von Nebennierenrindenhormonen«. Dadurch wird die Fortpflanzung eingeschränkt. In Jahren mit großer Bevölkerungsdichte können die reproduktiven Funktionen völlig erlahmen, wohingegen sich die Jungtiere in Jahren mit geringer Populationsdichte während der ganzen Saison paaren.«

---

* Abort (von lat. *aboriri, abortus*, »entschwinden, entschwunden«) bedeutet Fehlgeburt oder Schwangerschaftsabbruch.

»Der Mensch hat nicht das Recht, über Tiere zu urteilen, sie stammen aus einer anderen Welt, die älter und vollständiger war als unsere jetzt, ihre Erscheinung ist besser und vollständiger, sie haben Eigenschaften, die wir verloren oder nie erreicht haben...«

Henry Beston

Paarung und Fortpflanzung bei Tieren

Wickler bezieht sich auf viele unterschiedliche Studien und zeigt auf, daß »Paarung nicht zwangsläufig mit sexueller Reproduktion verbunden ist«. Viele Fischarten legen ihre Eier oder ihren Samen irgendwo ab, schwimmen davon und überlassen es dem Zufall, daß Samen und Eier sich treffen. Andererseits gehört der Schmetterlingsfisch zu den wenigen Arten, die in beständiger Monogamie leben. Dieser Fisch ist sehr klein und zieht nicht wie die meisten Fische in großen Schwärmen umher. So ist es schwer, in dem riesigen Ozean einen anderen Schmetterlingsfisch zu finden, mit dem

> Es gibt kein »Naturgesetz«, das alle Menschen befolgen müssen, wenn es um Heirat und Fortpflanzung geht.

man sich paaren könnte. Wenn zwei sich gefunden haben, bleiben sie zusammen, weil sie sonst vielleicht nie mehr das Glück haben, einem anderen zu begegnen.

Ein weiteres bemerkenswertes Beispiel für Monogamie sind die Wildgänse. Diese leben in einer lebenslangen Monogamie, die auf »umgelenkter Aggression« beruht. Wenn der junge Gänserich eine Frau sucht, schwimmt er hinter dem jungen Weibchen her, das ihn interessiert. Bei jeder Gelegenheit, die sich bietet, schwimmt er zurück und greift andere junge Gänseriche an, um zu zeigen, wie kühn und stark er ist. Hat er den anderen Gänserich verjagt, kehrt er triumphierend zu seiner Braut zurück.

> Man kann nicht behaupten, daß eine der heutigen Eheformen der Menschen »biologisch gerechtfertigt« und alle anderen Formen »falsch« seien. Wichtig ist, wie »die fragliche Eheform zur Lebensstruktur des betreffenden Stammes oder Volkes paßt«.

Sie fällt in sein aufgeregtes Gehabe ein, und beide vollführen die berühmte »Triumphzeremonie«. Sie beugen den Hals und senken den Kopf, als wollten sie angreifen, doch dann strecken sie ihre Köpfe aneinander vorbei und schnattern sich heftig an. Das ist die Zeremonie für eine lebenslange Bindung.

Dieser Bund wird jedes Jahr im Frühling erneuert. Nach jedem Scharmützel kehrt der Gänserich triumphierend zurück und erzählt ihr davon. Überdies zieht das Weibchen aus, um einen fremden Gänserich zu verleiten, ihr zu folgen. Sie lockt ihn dorthin, wo ihr Bräutigam ihn erwischen kann, dann verjagt dieser den Eindringling. Hier sehen wir, wie in einer der seltenen lebenslangen monogamen Beziehungen im Tierreich die Bindung durch Aggression erhalten wird. Auch Menschen wenden diese Strategie an, um die Intensität ihrer Beziehung aufrechtzuerhalten.

Die Monogamie ist anderen Formen der Paarbindung wie Polygamie (Vielehe) oder periodischen Bindungen nicht notwendigerweise überlegen. Die Formen »korrespondieren mit den typischen Lebensbedingungen« der fraglichen Spezies. Dauerhafte Monogamie kann ein »Übergangsstadium« in der Entwicklung einer Art sein. Wickler betont, man könne nicht behaupten, daß eine der heutigen Eheformen der Menschen »biologisch gerechtfertigt« und alle anderen Formen »falsch« seien. Wichtig ist, wie »die fragliche Eheform zur Lebensstruktur des betreffenden Stammes oder Volkes paßt«.

Das Hauptanliegen von Wicklers Buch ist, dem Durchschnittsmensch zu zeigen, daß es kein »Naturgesetz« gibt, das alle Menschen befolgen müssen, wenn es um Heirat und Fortpflanzung geht. In *Sind wir Sünder?* analysiert Wickler einen 1968 erschienenen päpstlichen Rundbrief* zum Thema Fortpflanzung und zeigt, »wo es der Theologie an Naturkenntnis fehlt und warum ihre unter Berufung auf Naturgesetze verkündeten Weisungen unglaubwürdig sind. Das heißt nicht, daß diese Weisungen notwendig falsch sind – sie sind nur fragwürdig und darum unverbindlich.«[3]

> »Das, was man gemeinhin Paarungsvorspiel nennt, hat ... häufig nicht zum Ziel, neues Leben zu wecken, sondern die Paar-Partner fester aneinanderzubinden.«

Die Enzykliken des Papstes bekräftigen den katholischen Grundsatz, daß geschlechtlicher Verkehr nur der Fortpflanzung zu dienen habe, denn das sei ein »Naturgesetz«. Doch jeder, der diesem Irrtum noch aufsitzt, sollte Wicklers Buch lesen. Wickler widmet einige Kapitel seines Buches der verbindenden Natur des Sexualverkehrs. Er faßt zusammen: »Das, was man gemeinhin Paarungsvorspiel nennt, hat – wie wir gesehen haben – häufig nicht zum Ziel, neues Leben zu wecken, sondern die Paar-Partner fester aneinanderzubinden. Dazu kann sogar die begonnene oder fertig vollzogene Kopula selbst

---

* *Humanae Vitae*, umgangssprachlich auch als »Pillenenzyklika« bezeichnet, wurde am 25. Juli 1968 veröffentlicht und ist die siebte und letzte Enzyklika des Papstes Paul VI. Sie trägt den inoffiziellen Untertitel »Über die rechte Ordnung der Weitergabe des menschlichen Lebens«.

dienen, der nur die Ejakulation, das Ausstoßen der Spermien in die weiblichen Geschlechtswege, fehlt.«[4]

Es werden mehrere Beispiele für dieses Verhalten angeführt. Der indische Flughund muß drei bis sieben Mal kopulieren, bis er ejakulieren kann. Auch einige Affenarten wie Rhesusaffen oder Paviane brauchen eine Reihe von Kopulationen, ehe sie ejakulieren können. Aus diesem Grund läßt der oberste männliche Pavian zu, daß die Weibchen seines Harems mit anderen, im Rang unter ihm stehenden Männchen kopulieren. Das stärkt die Bindung innerhalb der Horde, denn anschließend kommt das andere Männchen zum Anführer und »bietet sich an«. Dieser bespringt ihn kurz, was die soziale Ordnung wieder herstellt.

> »Die Theologie hat gezeigt, daß sie mit ihren Methoden nicht in der Lage ist zu entscheiden, was im Liebesleben naturgemäß und was naturwidrig ist.«

Ich möchte Wicklers Zusammenfassung am Schluß seines Buches zitieren. Diese kann allen, die von den vielen »Erwartungen« im sexuellen Bereich verwirrt sind, helfen, ein »natürliches« Leben zu führen:

> Die Theologie hat gezeigt, daß sie mit ihren Methoden nicht in der Lage ist zu entscheiden, was im Liebesleben naturgemäß und was naturwidrig ist. Sie hat nicht gezeigt, daß sich die Heilsbotschaft nicht in Einklang bringen ließe mit folgender – der Natur des Menschen nicht widersprechenden – Forderung: Die Sittlichkeit des ehelichen Aktes hängt nicht von der potentiellen Fruchtbarkeit jedes einzelnen Aktes ab, sondern von den Erfordernissen der gegenseitigen Liebe unter all ihren Gesichtspunkten. Die Folge dieser Forderung ist, daß die Gestaltung des Liebeslebens jedem Einzelnen überlassen bleibt, daß die Eheleute selbst entscheiden müssen, welche Methoden ihnen annehmbar sind, und daß das von Ehe zu Ehe verschieden sein kann. Ferner muß dann jeder

Einzelne auch entscheiden – wieder unter den Erfordernissen der gegenseitigen Liebe in seiner Ehe –, was an außerehelich sozialbindendem sogenannten ›Flirt‹ für ihn erlaubt ist. In beiden Fällen ist die Entscheidung außerdem abhängig von Rücksichten auf die abgestuft mitbetroffenen weiteren Mitglieder der Sozietät, wird also nicht einfacher.[5]

»Wer haßt, ist sexuell frustriert.
Alle diese mürrischen, feindseligen, negativen,
schlechtgelaunten, sarkastischen, streitsüchtigen
Menschen, die Spaß daran haben, dir das Leben
schwerzumachen: Sie sind alle sexuell frustriert.«

William A. Ross

Ökosystemische Kulturen versus biosphärische Kulturen

Nachdem wir bisher die Sexualität in ihrem biologischen Ursprung betrachtet haben, möchte ich mich den beiden unterschiedlichen Strategien zuwenden, die von verschiedenen Völkern entwickelt wurden, als ihre Bevölkerungsdichte zunahm.

Für lange Zeit betrachtete man den Ackerbau als einen enormen Fortschritt für die Entwicklung des Menschen, als einen Schritt, der das Leben der Menschheit deutlich verbesserte. Doch inzwischen lassen Forschungen auf neuen Gebieten diese Idee zweifelhaft erscheinen. Bereits seit der »Man the Hunter«-Konferenz 1967 gab es ausgedehnte Untersuchungen, die eine Reihe klarer Vorteile des Lebens als Jäger und Sammler gegenüber dem der Ackerbauern und der modernen Industriekultur aufgezeigt haben.*

Noch vor kurzem arbeiteten Jäger- und Sammlerkulturen in Randgebieten wie der Kalahariwüste im Durchschnitt zwei Tage in der Woche, um ihren Nahrungsbedarf zu sichern. Das ließ ihnen viel freie Zeit, um bevorzugten Beschäftigungen wie Tanzen, Musizieren, Flirten, Reden und anderen kreativen Tätigkeiten nachzugehen. Jüngste Forschungen haben belegt, daß Jagen und Sammeln qualitativ hochwertigere und geschmackvollere Nahrung einbringt als der Ackerbau. Da die Versorgung so vielfältig ist, kann auch keine Mißernte die Vorräte zunichte machen. Es ist erst zehntausend Jahre her, daß einige Gruppen begannen, Landwirtschaft zu betreiben. Vor zweitausend Jahren dann lebte die große Mehrheit der Menschen vom Ackerbau.

Erinnert uns dies nicht an die biblische Geschichte von der Vertreibung aus dem Paradies? Die Jäger und Sammler lebten von der Nahrung, die die Natur von sich aus darbot. Erst mit dem Ackerbau begann der Mensch, »im Schweiße seines Angesichts« selbst Nahrung zu erzeugen.

Was verursachte diese unglaubliche Entwicklung zum Ackerbau in nur achttausend Jahren? Eine erste klare Antwort auf diese Frage erschien 1977, als Mark Cohen das Buch *The Food Crisis in Prehistory* (Die Nahrungskrise in der Vorgeschichte) veröffentlichte. Cohen bezieht sich auf mehr als achthundert Studien, die belegen, daß die Bevölkerung so stark wuchs, daß die Jäger bis zum Ende des Pleistozäns** viele Säugetierarten

---

* Neueste Forschungen (2011) haben übrigens erwiesen, daß mit Einführung des Ackerbaus die Menschen deutlich kleiner wurden. (A. L.)

** Das Pleistozän beginnt etwa vor 2 Millionen Jahren. Aus dieser Zeit stammen die bisher ältesten gefundenen Überreste von Menschen *(Homo)*. Das Pleistozän näherte sich vor etwa 40.000 Jahren seinem Ende, als der moderne Mensch *(Homo sapiens)* nach und nach den Neandertaler verdrängte. Ganz zu Ende war es etwa 10.000 v. Ztr. mit dem Beginn des Holozäns.

ausgerottet hatten und viele Menschen Zuflucht zum Ackerbau nehmen mußten. Einige Forschungen deuten darauf hin, daß Klimaveränderungen, die für einige Tierarten das Leben erschwerten, mit dazu beitrugen.

Cohen führt aus, der einzige Vorteil des Ackerbaus gegenüber dem Jagen und Sammeln liege darin, daß er mehr Kalorien pro Landeinheit und Zeiteinheit liefert und so eine dichtere Bevölkerung versorgen kann.

In der Mitte des Pleistozäns wurden in Afrika fünfzig große Säugetierarten ausgerottet, und zweihundert waren es in Nord- und Südamerika am Ende des Pleistozäns. In Europa verschwanden zu derselben Zeit die riesigen Herden der grasenden Tiere. Mythologisch gesprochen kann man sagen, die »Mutter aller Tiere« schickte keine Tiere mehr als Nahrung für die Menschen.

Um mit dieser Lage fertig zu werden, entwickelten die Menschen über einen Zeitraum von mehreren Tausend Jahren verschiedene Vorgehensweisen – von denen manche sich zu **Ökosystem-** und andere zu **Biosphären-Kulturen** hin entwickelten (siehe Kasten rechts).

Die eine Vorgehensweise, welche die **Biosphären-Kulturen** entwickelten, war mit dem Ackerbau verbunden und erforderte mehr Arbeit als das Jagen und Sammeln, und das führte, wegen der zusätzlich benötigten Arbeitskräfte, zu größerem Kinderreichtum, der wiederum intensiveren Ackerbau bedeutete – und so weiter in einer immer größer werdenden Spirale aus Knappheit, harter Arbeit und Zerstörung der Böden.

Dieser Teufelskreis führte schließlich zur Versklavung von anderen Völkern als Arbeiter. Diese Eroberer, die »Biosphären«-Völker, »weiteten«, wie Gary Snyder* kurz und bündig

---

* Gary Snyder (* 1930) ist ein amerikanischer Umweltaktivist und Dichter, der 1975 den Pulitzer-Preis im Fach Poesie erhielt. Er studierte Anthropologie in Portland (Oregon), orientalische Sprachen in Berkeley und Buddhismus in Japan. Er gilt vielen als Poet Laureate (Hofdichter) der Tiefenökologie-Bewegung.

Der Begriff **ÖKOSYSTEM** (von griech. *oikós*, Haus, und *sýstema*, das Zusammengestellte, das Verbundene) bezeichnet die funktionale Wechselwirkung von Lebewesen und dem Lebensraum (Ökotop, Biotop), in dem sie leben. Man geht dabei auch von einem Gleichgewicht aus, das über lange Zeit gewachsen ist.

Ein Ökosystem ist ein *räumlich abgegrenzter Ausschnitt der Biosphäre.*

Eine **Ökosystem-Kultur** ist folglich eine menschliche Gesellschaft, die in ihrem »Rahmen« bleibt: dem geographischen und dem des natürlichen Gleichgewichts alles Lebendigen.

Die **BIOSPHÄRE** (von griech. *bíos*, Leben, und *sfaira*, Kugel) bezeichnet den Raum eines Himmelskörpers, in dem biologisches Leben vorkommt. Außer für die Erde wurde bisher für keinen anderen Planeten oder Mond eine Biosphäre belegt. Das macht den Blauen Planeten, also die Erde – und »unsere« Biosphäre – so besonders wertvoll.

Die Biosphäre der Erde reicht ungefähr von 60 km über bis 5 km unter die Erdoberfläche, dabei werden ihre Außengrenzen ausschließlich von Mikroorganismen bewohnt. Räumlich gesehen ist diese Hülle (Sphäre) eine recht dünne Schicht. Über ihr liegen die Mesosphäre und die Ionosphäre. All diese Sphären *umspannen den ganzen Planeten.*

Biosphären-Kulturen sind solche, denen die Möglichkeiten ihres angestammten Raumes nicht mehr genügen. Sie folgen früher oder später einem Drang der Expansion, der Ausdehnung, was in der Regel zu Eroberungskriegen führt und zur Auslöschung oder Unterdrückung benachbarter Völker. Im heutigen globalen Maßstab führt diese Dynamik zur völligen Erschöpfung der Ressourcen der Erde.

zusammenfaßte, »ihr Wirtschaftssystem so weit aus, daß sie es sich leisten konnten, ein Ökosystem zu ruinieren und trotzdem weiterzumachen. Nun, das ist Rom, das ist Babylon« – und jede imperialistische Kultur seither.

Die **Biosphären-Kulturen** gingen davon aus, daß die Natur nicht mehr die überquellende, reiche Mutter war, die alles gab, wes der Mensch bedurfte. Sie hatte ihre Fülle zurückgezogen; der nie versiegende Strom der Tiere war dahin. Der Natur war nicht mehr zu trauen; deswegen mußte der Mensch die Sache selbst in die Hand nehmen. Die Ära der Ausbreitung des Ackerbaus umfaßt 10.000 Jahre, und in dem verhältnismäßig kurzen Zeitraum der letzten 3.000 Jahre davon kamen alle sogenannten »großen ethischen Systeme« der Welt auf, angefangen mit Konfuzius und Buddha (etwa 500 v. Ztr.) über die hebräischen Propheten und Plato bis hin zum Christentum, das am Anfang unserer gegenwärtigen Ära steht.

Was wir hier in Wirklichkeit haben, ist die Errichtung von Religionssystemen, die auf Ideen *von einzelnen* Menschen beruhen. Es waren Buddha, Moses, Jesus, Paulus, Mohammed und andere, und die Religionen sind – auch wenn sie sich auf eine göttliche Quelle berufen – letztlich *Kopfgeburten*.

Bevor wir den zweiten großen Kulturtypus untersuchen – die Ökosystem-Kulturen –, müssen wir einen Blick auf die beiden zugrundeliegenden Sichtweisen auf das Leben richten.

Die eine Sichtweise betont den Ausgangspunkt des Lebensprozesses – die Geburt oder das Ins-Sein-Treten von neuen Dingen. Die andere betont das Ende des Prozesses, den Tod oder das Verschwinden von alten Dingen. Die oben erwähnten Weltreligionen, die abrahamitisch-christliche Tradition und der

> Auch das Christentum richtet seine Aufmerksamkeit auf das Ende der Dinge. Es konzentriert sich lieber auf das »Ideal« des Lebens nach dem Tod.

Buddhismus, richten ihre Aufmerksamkeit auf die Endphase, den unvermeidlichen Niedergang, die Zerstörung und den Tod aller Dinge. Der Buddhismus lehrt den Weg der Befreiung vom Rad der Wiedergeburt – von der Vergänglichkeit aller Dinge. Die allgegenwärtige Vergänglichkeit der Dinge ruft im rationalen Geist eine tiefsitzende Angst hervor, und nach Toshihiko Izutsu,* »ist dieser existentielle Pessimismus der tiefste Grund des Buddhismus«.

> In diesen »ethischen« Weltreligionen ist das Leben auf dieser Erde oder auf dieser »Seinsebene« ein Durchgang, unwichtig, gar nur Einbildung; dadurch wird die Erde verbrauchbar ... und so ist die völlige Ausbeutung der Natur erlaubt.

Auch das Christentum richtet seine Aufmerksamkeit auf das Ende der Dinge – die Überschreitung des Lebens. Es konzentriert sich lieber auf das »Ideal« des Lebens nach dem Tod in einem vollkommenen Zustand, der Himmel genannt wird.

In diesen »ethischen« Weltreligionen ist das Leben auf dieser Erde oder auf dieser »Seinsebene« ein Durchgang, unwichtig, gar nur Einbildung; dadurch wird die Erde verbrauchbar und ist von keinem wirklichen Wert, und so ist die völlige Ausbeutung der Natur erlaubt.

Die andere Weltsicht drückt sich zum Beispiel im Daoismus aus, der seine Aufmerksamkeit auf den Anfangspunkt des Prozesses richtet, die Geburt, das Ins-Dasein-Treten von neuen Dingen – »die nie versiegende Schöpferkraft« des Lebens. Das Wort *I* in dem chinesischen Klassiker *I Ging* (Buch der Wandlungen) bedeutet nach Izutsu nur, »die ewige Fortsetzung von neuen miteinander verwobenen Leben«.

Hier gibt es keine Trennung zwischen Menschlichem und Nicht-Menschlichem. Der menschliche Geist entsprang der Natur und ist mit der Struktur des Kosmos identisch. Nirgends im Daoismus gibt es einen »großen Mann«, der »Ideen«

---

* Toshihiko Izutsu (1914-1993) war ein japanischer Islamwissenschaftler und Philosoph.

aus seinem Kopf in Worte faßte, wie in den ethischen Religionen. Der legendäre Laozi* und die geschichtliche Gestalt Zhuangzi* sind die bekanntesten Exponenten des Dao (Tao); aber aus ihren Schriften wird klar, daß die Natur als viel zu komplex erachtet wird, als daß der menschliche Geist ihr eine Ordnung überstülpen könnte. Die menschliche Gesellschaft konnte nur in Ordnung gebracht werden, indem sie sich in die Ordnung der Natur einfügte, denn die menschliche Gesellschaft war nur ein kleinerer Teil des Ganzen des Dao.

> Im Daoismus gibt es keine Trennung zwischen Menschlichem und Nicht-Menschlichem. Der menschliche Geist entsprang der Natur und ist mit der Struktur des Kosmos identisch.

Nachdem wir den Unterschied zwischen diesen beiden Haltungen dem Leben gegenüber geklärt haben, können wir uns nun den **Ökosystem-Kulturen** zuwenden. Hier entdecken wir, daß diese Völker, anstatt sich dem Ackerbau zuzuwenden, in Randgebiete zogen – ins Hochgebirge, in Wüsten, tiefe Dschungel oder auf abgelegene Inseln – und lernten, Achtsamkeit zu üben, sorgsam zu beobachten und alles Leben zu achten, denn es war alles *ihr* Körper, *ihr* Leben.

Sie bildeten Rituale heraus, die die Heiligkeit ihres Landes anerkannten; und auf diese Weise waren sie in der Lage, sich der heiligen Kreisläufe gewahr zu bleiben: Leben zu nehmen, um zu leben, aber auch Leben zurückzugeben, damit die Gesamtheit des Landes blühte, nicht nur der eine schmale Ausschnitt dieses Ganzen, der Mensch.

---

* Laozi (je nach Umschrift auch Laotse, Lao-Tse oder Lao-tzu) soll im 6. Jahrhundert gelebt haben. Er gilt als Autor des *Daodejing (Tao Te King, ~Ching)*, des einflußreichsten daoistischen Textes, und als »Gründer« des Daoismus.

** Der chinesische Philosoph und Dichter Zhuangzi (je nach Umschrift auch Dschuang Dsi oder Chuang-tzu) lebte von ca. 365 bis 290 v. Ztr. Sein Buch wurde als *Nan Hua Zhen Jing* (Das wahre Buch vom südlichen Blütenland) bekannt und gilt zusammen mit dem Daodejing als Hauptwerk des Daoismus.

Weil ihre wirtschaftliche Grundlage aus einem begrenzten natürlichen Gebiet bestand, wie etwa einem Flußgebiet, das sie mit allem Lebensnotwendigen versorgen mußte, bedurfte es nur ein wenig Aufmerksamkeit, um zu bemerken, wenn eine bestimmte Tier- oder Pflanzenart seltener wurde und schwerer zu finden war. Dann gab es Tabus, die das Töten einschränkten. So lernten die Menschen allmählich, daß sie durch übertriebene Ansprüche, oder wenn es zu viele Menschen gab, alles Leben in ihrer Umwelt zerstören konnten; so lernten sie verstehen, daß auch der Geschlechtsverkehr ein Teil des heiligen Kreislaufs war.

> Wird die Sexualität mit der erforderlichen Achtung ihrer Macht praktiziert, bringt sie eine Zunahme an Kraft und stärkt die Einheit mit allen anderen Lebensformen.

Der Mißbrauch der Sexualität rief Zerstörung hervor, nicht nur im menschlichen Stammesverbund, sondern auch für alles umgebende Leben. Wurde die Sexualität jedoch mit der erforderlichen Achtung ihrer Macht praktiziert, brachte sie eine Zunahme an Kraft und stärkte die Einheit mit allen anderen Lebensformen.

»Ejakulation ist nicht gleichbedeutend mit Orgasmus. Es gibt einen eindeutigen Unterschied, aber manche Männer werden wütend, wenn man ihnen das erzählt. Es demütigt sie, sich vorzustellen, daß sie etwas so Berauschendes wie einen Orgasmus vielleicht noch nie erlebt haben. Ejakulation ist lokal, Orgasmus ist total. Ejakulation ist nur ein kleiner Teil, Orgasmus ist das Ganze.«

William A. Ross

Bevölkerungskontrolle in ökosystemischen Kulturen

In den ursprünglichen Kulturen, die sich aus einer ihrem jeweiligen Ökosystem gemäßen Lebensweise entwickelten, bezog sich der Großteil der Weisheit auf das – wie einige amerikanische Ureinwohner es nennen – *Walking in Balance* (Gehen im Gleichgewicht mit der Erde). Man ließ nicht zu, daß die Bevölkerungsdichte dieses Gleichgewicht störte.

Die ersten Ethnologen in Nordamerika fanden heraus, daß die Praktiken, um die Kinder im richtigen Abstand zu bekommen, und die Methoden zum Großziehen der Kinder in weit entfernten Gegenden, in der Arktis ebenso wie in der Wüste des Südwestens, bemerkenswerte Ähnlichkeiten aufwiesen.

Die Pima-Indianer* regelten, Frank Russell zufolge, die Geburten auf diese Weise: »Die Säuglinge wurden solange gestillt, bis das nächste Kind geboren wurde. Manchmal stillte die Mutter ihr Kind, bis es sechs oder sieben Jahre alt war, und wenn sie währenddessen schwanger wurde, löste sie durch Druck auf den Bauch einen Abort aus ... die Kinder werden selten geschlagen.«

Bei den Assiniboine wurden, nach dem Völkerkundler Edwin Denig, die Kinder weder geschlagen noch auf irgendeine Weise ermahnt. »Nichtsdestotrotz sind sie nicht annähernd so widerborstig wie weiße Kinder, sie weinen wenig, streiten selten und noch weniger schlagen sie sich.« Er sagt weiter, daß die Kindstötung unter den Assiniboine, Sioux und Crow allgemein verbreitet war.** Der Ethnologe Horatio B. Cushman berichtet, daß »Kinder bei den Choctaw, Chickasaw und Natchez-Indianern✦ niemals geschlagen wurden«.

> In den ursprünglichen Kulturen, die sich aus einer ihrem jeweiligen Ökosystem gemäßen Lebensweise entwickelten, ließ man nicht zu, daß die Bevölkerungsdichte dieses Gleichgewicht störte.

---

* Die Pima sind ein Volk nordamerikanischer Ureinwohner. Sie leben in den Wüstengebieten Arizonas im Südwesten der USA; eine zweite Gruppe lebt im Hochland von Mexiko.

** Die Assiniboine und Crow sind Indianervölker aus dem Norden der USA (Montana, North Dakota). Ihre Sprachen gehören zur Sioux-Sprachfamilie. Die Sioux selbst sind hauptsächlich in North und South Dakota und Minnesota beheimatet.

✦ Die Choctaw, Chickasaw und Natchez sind Indianervölker aus dem Südosten der Vereinigten Staaten (Mississippi, Alabama und Louisiana). Ihre Sprachen zählen zur Muskogee-Sprachfamilie. Die Chickasaw wurden in den 1830er Jahren in ein »Reservat« nach Oklahoma deportiert. Die Kultur der Natchez wurde durch Seuchen und in den Natchez-Kriegen (1729-1731) durch die Franzosen ausgelöscht.

John Murdoch schrieb 1887:* »Das Töten neugeborener Kinder** wird von den Eskimo vom Smith-Sund häufig vollzogen, ohne daß das Geschlecht dabei eine Rolle spielt ... Die Liebe der Eltern zu ihren Kindern ist äußerst stark ... und die Kinder zeigen kaum die Spur von Reizbarkeit und Verdrießlichkeit, die unter zivilisierten Kindern allgemein verbreitet ist; und sie sind, obwohl keinerlei Zwang auf sie ausgeübt wird, erstaunlich gehorsam. Körperliche Züchtigung scheint völlig unbekannt zu sein.«

Die Kindstötung oder der Abort einerseits und der Verzicht auf Bestrafung der Kinder und ihre ruhige, »gute« Art andererseits war für die damaligen Forscher ein ständiger Quell des Staunens. Man muß verstehen, daß bei diesen Stammesvölkern die Geburt eines Kindes kein »Unfall« und auch nicht nur eine Sache der Eltern war, sondern die Geburten wurden durch Rituale, Empfängnisverhütung oder Abort reguliert, damit das einzelne Kind in die umfassendere Gesundheit und Stabilität des gesamten Ökosystems paßte: in den Stamm der Menschen plus die übrige Gemeinschaft aus Boden, Pflanzen und Tieren.

* Der Naturforscher John Murdoch nahm 1881 - 1883 an der Forschungsreise nach Point Barrow in Alaska teil. Danach war er der erste, der gegen die Vorurteile über die »Eskimo« anschrieb, die leider auch heute noch geradezu cartoonhaft verbreitet sind, z.B. daß diese Menschen traditionell alle in Iglus leben, ausschließlich rohes Fleisch und Lebertran verzehren usw. Schon der Begriff *Eskimo* selbst ist eine reine Fremdbezeichnung, die »Esser von rohem Fleisch« bedeutet und heute von den meisten Betroffenen abgelehnt wird. Die politisch korrekte Bezeichnung ist *Inuit*. Strenggenommen bezeichnet diese aber nur eine der verschiedenen indigenen Volksgruppen des nördlichen Polargebietes in Kanada und Grönland.

** Um keine Mißverständnisse aufkommen zu lassen: Dolores LaChapelle will hier diese Praktiken keineswegs gutheißen. Jedoch steht – aus einer nicht-anthropozentrischen Sicht – die Gesamtheit aller Lebewesen über dem Leben eines einzelnen Menschen. Was »human«, was »Humanität« ist, entscheidet sich immer auch aus dem Menschenbild, das uns prägt. Da ist unser Menschenbild jenem anderer Völker nicht zwangsläufig überlegen. Dies zu bedenken, möchte Dolores LaChapelle mit diesen Einlassungen anregen. (A. Lentz)

Dies zeigt sich in einem rituellen Lied zur »Geburt eines Kindes« bei den Omaha-Indianern:*

Ho! Ihr Hügel, Täler, Flüsse,
Seen, Bäume, Gräser,
ihr alle auf der Erde,
Ich bitte euch, hört mich an!
In eure Mitte ist
ein neues Leben gekommen.
Stimmt zu, ich flehe euch an!

Ho! Ihr Vögel groß und klein,
die ihr fliegt in der Luft,
Ho! Ihr Vierfüßler groß und klein,
die ihr wohnt im Wald,
Ho! Du kleines Gewürm,
das da kriecht im Grase
und gräbt im Grund,
Ich bitte euch, hört mich an!
In eure Mitte ist
ein neues Leben gekommen.
Stimmt zu, ich flehe euch an!

»Die meisten primitiven Völkerschaften praktizieren Familienplanung«, so James Neel,** Professor für Humangenetik an der Medical School der Universität von Wisconsin, dessen Aussage auf einer multidisziplinären Untersuchung von traditionellen

---

* Die Omaha sind ein nordamerikanischer Indianerstamm. Ihre Sprache gehört zur Sioux-Sprachfamilie.

** James Van Gundia Neel (1915 - 2000) spielte eine Schlüsselrolle in der Entwicklung der Humangenetik. Besonders interessierte ihn der evolutionäre Aspekt des menschlichen Erbgutes, weswegen er auch an kultur-anthropologischen Forschungsprojekten bei den Yanomami in Brasilien und Venezuela teilnahm.

Stämmen in Südamerika beruht, an der er teilnahm. Von diesen Indianern nahm man an, daß sie unter sehr ähnlichen Bedingungen leben, wie sie zu der Zeit herrschten, als die menschliche Evolution und Differenzierung begann.

Die Tabuisierung des Geschlechtsverkehrs während bestimmter Zeiten, zum Beispiel vor der Jagd, war eine Methode, Kinder zu verhüten. Andere Methoden reichen vom Verlängern der Stillzeit und der Abtreibung bis zur Kindstötung. Letztere wurde immer dann praktiziert, wenn ein Baby geboren wurde, bevor das ältere Geschwister entwöhnt worden war, was gewöhnlich im Alter von drei Jahren geschah. »Ich komme zu dem Schluß (...), daß der vielleicht bedeutendste Meilenstein in der Entwicklung vom höheren Primaten zum Menschen erreicht wurde, als die gesellschaftliche Organisation und die Fürsorge der Eltern einem größeren Anteil der Kinder das Überleben ermöglichte, als Kultur und Wirtschaft in der jeweiligen Generation auffangen konnten. Daher wurde die Bevölkerungskontrolle, einschließlich Abtreibung und Kindstötung, als einzig zur Verfügung stehende praktikable Gegenmaßnahme eingeführt.«

> Geburten wurden durch Rituale, Empfängnisverhütung oder Abort reguliert, damit das einzelne Kind in die umfassendere Gesundheit und Stabilität des gesamten Ökosystems paßte.

Die Tötung eines schwer mißgebildeten Kindes, das nicht auf eine volle Beteiligung an der Stammesgesellschaft hoffen konnte, oder eines zweiten Kindes, wenn es die Ernährung des vorher geborenen gefährden würde, wird in unserer Gesellschaft allgemein als moralisch verwerflich betrachtet. Neel jedoch weist darauf hin, daß »wir bei uns ein Fortpflanzungsmuster gutheißen, das (durch Entwöhnungsdurchfall und Unterernährung) dazu beigetragen hat, daß eine große Zahl von Kindern an einem viel quälenderen ›natürlichen‹ Tod sterben, als es die Kindstötung gewesen wäre. Außerdem hat dieses

Fortpflanzungsmuster viele der überlebenden Kinder zu einer Mangelernährung verurteilt, die nicht mit voller körperlicher und geistiger Entwicklung zu vereinbaren ist. ... Ich finde es immer schwerer, in der jüngsten Geschichte der Fortpflanzung in der zivilisierten Welt mehr Achtung für die Qualität der menschlichen Existenz zu sehen, als sie sich bei unseren entfernten ›primitiven‹ Vorfahren zeigt.«

> Es ist offensichtlich, daß die heutige Menschheit jenseits eines vernünftigen Energiegleichgewichts lebt und so die eigentliche Grundlage für alles zukünftige Leben zerstört.

In seiner Zusammenfassung erklärt Neel, daß »der zivilisierte Mensch sich mit jedem Jahr immer weiter von der Bevölkerungsstruktur entfernt, die über die längste Zeit der menschlichen Evolution Geltung hatte und vermutlich für den Evolutionsprozeß von gewisser Bedeutung war.« Ferner ist es offensichtlich, daß die heutige Menschheit jenseits eines vernünftigen Energiegleichgewichts lebt und so die eigentliche Grundlage für alles zukünftige Leben zerstört. Er sagt, dies rufe nach »einer philosophischen Neuorientierung, die die Tragweite einer religiösen Konversion hat.«

In unserer Zeit müssen wir natürlich nicht zur Kindstötung zurückkehren. Neel z. B. schlägt die freiwillige Sterilisation nach dem dritten Kind vor.

Auch wenn mit dem Untergang ganzer Kulturen einige ausgeklügelte Methoden der Geburtenkontrolle in Vergessenheit geraten sind, versuchen doch einige moderne Frauen, die natürlich leben wollen, diese Methoden wiederzuentdecken. Zum Beispiel berichtet ein Artikel im *Katúah Bioregional Journal* mit dem Titel »Alternative Empfängnisverhütung«: »Die Pflanzenkundige Susun Weed* hat uns mitgeteilt, daß die Wilde

---

* Susun Weed ist eine amerikanische Kräuterkundige, Autorin und Leiterin des Wise Woman Center bei Woodstock (im Bundesstaat New York), in dem sie den »Wise Woman Way« der Kräuterkunde lehrt.

Möhre wahrscheinlich das beste Verhütungsmittel ist, das es gibt.« Die Wilde Möhre wird seit Generationen von Frauen traditioneller nordamerikanischer Indianerstämme verwendet.

In ihrem Buch spricht Weed von diesen kleinen haarigen Samen als einem Verhütungsmittel für den Morgen danach. Am Morgen nach dem befruchtenden Verkehr muß man einen Teelöffel voll Samen einnehmen, auch an den fünf folgenden Tagen. Die Samen der Wilden Möhre wirken auf die innere Schleimhaut des Uterus und machen sie schlüpfrig, so daß sich das Ei nicht einnisten kann. Wunderbar einfach! (Aber Achtung beim Selbersammeln: Die Pflanze kann mit dem tödlich giftigen Schierling verwechselt werden!)

Durch ihr Buch hat Susun Weed eine Gruppe weißer Frauen in Alaska kennengelernt, die die Samen der Wilden Möhre seit acht Jahren mit Erfolg anwenden. Sie essen täglich bis zu einem halben Teelöffel voll. Sie streuen die Samen über ihr Essen und haben eine Schale davon auf dem Tisch stehen, so daß sie jedesmal welche essen können, wenn sie daran vorbeigehen. Zwei der Frauen wollten dann ein Kind bekommen, ließen die Samen weg und wurden prompt schwanger.

Die !Ko* in Afrika sind jetzt dabei, jene neolithische Revolution zu durchlaufen, als die Menschen das Jäger-Sammler-Dasein aufgaben und anfingen, Nahrung anzubauen und Haustiere zu halten. Die !Ko haben als Jäger und Sammler in der Kalahari-Wüste in Südafrika mindestens 11.000 Jahre lang gelebt – seit dem Pleistozän – aber kürzlich angefangen, in den Bauerndörfern der Bantu zu leben. Forscher bemerkten, daß die seßhaften !Ko-Frauen ihre gleichberechtigte Stellung verlieren, daß die Kinder lernen, aggressiv zu handeln, und daß die Bevölkerung, die vorher in einem stabilen Gleichgewicht war, schnell wächst.

* Die !Ko (auch !Kung, !Xun) sind in der Kalahari beheimatet. Das Ausrufezeichen am Anfang des Wortes steht für einen Schnalzlaut.

Die bei diesem Stamm erstaunliche Tatsache ist, daß sie jahrtausendelang das Land auf ausgewogene Weise nutzten. Gegenstände von jungsteinzeitlichen Jägern und Sammlern von vor etwa elftausend Jahren sind an denselben Wasserlöchern zu finden, wo die heutigen !Ko lagern. Sie jagen sogar dieselben Tiere wie ihre vorgeschichtlichen Vorfahren, etwa den Nachtspringhasen. Wenn man die Zahl der Tiere bedenkt, die jetzt durch die menschlichen Aktivitäten in der Welt ausgestorben sind, so ist die Lebensweise der !Ko ein unmittelbarer Beweis für das ausgeglichene Leben in ihrem Ökosystem, was aufgrund der Tatsache, daß die Kalahari-Wüste eines der ödesten Gebiete der Welt ist, um so bemerkenswerter ist.

Die Population der !Ko erreichte aufgrund einer Reihe von Faktoren ohne Empfängnisverhütung oder Abtreibung eine langfristige Stabilität. Das Durchschnittsalter beim Beginn der Menstruation ist fünfzehneinhalb Jahre. Die !Ko heiraten zu Beginn der Pubertät, aber eine Frau hat ihr erstes Kind erst, wenn sie etwa neunzehn Jahre alt ist. Außerdem haben die Frauen eine niedrige Fruchtbarkeitsrate. Die durchschnittliche Zeitspanne zwischen zwei Geburten beträgt vier Jahre. Die Babys werden vier Jahre lang gestillt, und während dieser Zeit sind die Frauen selten empfänglich. Nach Howell und Rose Frisch vom Center for Population Studies in Harvard können sowohl das späte Eintreten der ersten Monatsregel wie auch die lange Zeit zwischen den Geburten auf die Tatsache zurückgeführt werden, daß die Menge an Körperfett für das Einsetzen und den Fortgang der Regel über einem bestimmten Minimum liegen muß.

Die !Ko sind schlank, obwohl sie gut ernährt sind, und sie sind als »äußerst gesund« beschrieben worden. Wenn diese Frauen stillen, brauchen sie pro Tag etwa 1.000 Kilokalorien mehr; auf diese Weise hat eine stillende Frau zu wenig Fett, als daß ein Eisprung stattfinden könnte. Unter den seßhaft gewordenen !Ko beginnt die Menstruation in früherem Alter, und die

Abstände zwischen den Geburten werden kürzer. Seßhafte !Ko stillen ihre Babys eine kürzere Zeit und haben auch mehr Körperfett, so daß ein Eisprung wahrscheinlicher wird. Die nomadischen !Ko leben von Nüssen, Gemüse und Fleisch, verzehren aber weder Getreide noch Milch, während die seßhaften !Ko viel Kuhmilch und Getreide verzehren.

Auch wenn weitere Forschungen notwendig sind, um die These von Frisch zu erhärten, so schließen sie, daß die »seßhaften !Ko ihre natürliche Kontrolle der Geburtenrate verloren zu haben scheinen.«[6] Zeigen nicht die !Ko, daß es in vorgeschichtlichen Zeiten möglicherweise gar nicht nötig war, zu Abtreibung oder Kindstötung Zuflucht zu nehmen, wenn der Stamm völlig im Einklang mit seinem Ökosystem lebte?

Diese »Ausgewogenheit« von Jägern und Sammlern mit ihrer Umgebung wurde zerstört, als die Menschen Ackerbauern mit dem »Verlangen nach mehr Kindern und mehr Produktion« wurden.[7] Der Verlust dieser Ausgewogenheit hat immer wiederkehrende Hungersnöte, Bodenzerstörung und andere Störungen im Gleichgewicht der Erde mit sich gebracht. Jene Menschen, die angefangen haben, sich auf eine »Wiedereinwohnung« hin zu bewegen und wieder die enge Bezogenheit von Mensch und *ihrem Ort* schmieden, werden die Entscheidung, Kinder in ihre »Welt« zu bringen, erst treffen, nachdem die anderen Lebewesen ihres Platzes gefragt worden sind. Ein solches Kind ist wahrhaft erwünscht. Es hat von Anfang an einen Platz in der Welt und ist daher vom heutigen Fluch der Kinder befreit: der »Angst«.*

---

* Diese Aussage ist vielschichtiger, als man auf den ersten Blick erkennen mag. Es betrifft die diffuse, unterschwellige Angst, daß man von den Eltern »vielleicht gar nicht gewollt war« und folglich nicht wirklich geliebt wird. Aber daraus, mit dem unerschütterlichen Gefühl, »einen Platz in der Welt« zu haben, aufgewachsen zu sein, resultiert noch viel mehr: *keine* Angst zu haben, keinen Job zu finden, *keine* Angst zu haben, keine Wohnung zu finden, *keine* Angst zu haben, keinen Partner zu finden oder »nicht gut genug« für ihn oder sie zu sein... (F. H.)

»In unseren frühesten Erinnerungen an Sex spielen wir lustvoll mit uns selbst, werden entdeckt und dafür bestraft. Wenn wir nicht bestraft wurden, wurden wir zumindest ermahnt oder bestenfalls verspottet. Auf irgendeine Weise wurde uns klar mitgeteilt, daß das, was wir taten, entweder lächerlich, ekelhaft oder böse war. Das ist unser gemeinsames Erbe.«
William A. Ross

Die Anbindung an die Erde und das Erwachen der Sexualität bei Naturvölkern und modernen Menschen

Von der Zeit im Mutterbauch an wirken Kind und Erde aufeinander ein. »Der Fötus«, sagt uns Arnold Gesell, »ist ein wachsendes Aktionssystem. ... Seine erste und vordringlichste Aufgabe ist es, sich auf den unaufhörlichen Zug der Schwerkraft einzustellen.« Die andere allgegenwärtige Kraft, der das Kind im Bauch der Mutter ausgesetzt ist, ist synkopierter Klang.

Das Fruchtwasser in der Gebärmutter leitet Geräusche viel besser als Luft. Der Herzschlag des Fötus ist doppelt so schnell wie der der Mutter. Beide Herzrhythmen erzeugen den Klang eines synkopierten* Trommelschlags.

Für das Ungeborene sind der synkopierte Klang und die Bewegung als Reaktion auf die Schwerkraft in den Monaten vor der Geburt sein natürlicher Zustand. So ist es kein Wunder, daß die Trommel in den meisten Kulturen das Herz der Rituale bildet. Die Verbindung von Tanz – der durch die Schwerkraft eine Beziehung zur Erde herstellt, welche im Mutterleib begann – mit dem Trommelschlag, der sich aus dem Mutterleib fortsetzt, ist der kraftvolle Lebensmittelpunkt in vielen ursprünglichen Kulturen. Auch der indianische Tanz vermittelt diesen Kontakt zwischen Mensch und Erde. Wie Jaime de Angulo (siehe S. 72*ff*) erklärt: »Der Fuß wird flach vom Boden gehoben und flach wieder aufgesetzt und dann, wie er war, durch eine Beugung im Knie in die Erde gedrückt.«[8]

Das Kind wird vollkommen geboren. Es kommt mit all den Gaben einer drei Millionen Jahre zurückreichenden Erfahrung der Gene auf die Welt.[9] Es ist bereit, mit der lebendigen Erde in Wechselbeziehung zu treten – und es weiß alles, was es wissen muß, um das Leben auf der Erde zu bestehen.

Nikos Kazantzakis,** der Autor von *Alexis Sorbas,* ist einer der wenigen, die in der Lage sind, sich mit beängstigender Intensität an seine ersten Kontakte mit der Welt zu erinnern. In seiner Autobiographie *Report to Greco* schreibt er: »Das Gehirn des Kindes ist zart wie sein Körper. Sonne, Mond, Regen,

---

* In der europäischen Musiklehre werden rhythmische Verschiebungen des Taktes als *Synkopen* bezeichnet; die Akzentverschiebung erzeugt reizvolle Kontraste und Spannungen zwischen Rhythmus und Metrum (Off-Beat). In der Weltmusik, z. B. bei afrikanischer oder asiatischer Musik, entstehen Synkopen quasi als Nebenprodukt von *Polyrhythmen*. Unsere Körper bringen einen Polyrhythmus hervor, so lange wir leben: den Dreier-Rhythmus des Herzschlags und den Vierer des Atems. Im Körper von Mutter und Fötus erklingen also insgesamt vier Rhythmen.

** Nikos Kazantzakis (1883 - 1957) war einer der bedeutendsten griechischen Schriftsteller des 20. Jahrhunderts.

Wind, Stille, alle stürzen darüber her, und da es wie ein Sauerteig ist, formen sie es. Das Kind saugt die Welt gierig ein, empfängt sie in seinem Innersten, assimiliert sie, macht sie zu Kind.«[10] Er schreibt lebendig von seiner ersten Erinnerung in seinem Leben:

Ich kroch auf allen Vieren von der Schwelle, ich konnte mich noch nicht auf die Beine stellen. Voller Sehnsucht und Furcht streckte ich den zarten Kopf in die freie Luft des Hofes hinaus. Bis dahin hatte ich immer durch die Fensterscheibe auf den Hof gesehen, ohne zu sehen; jetzt sah ich nicht nur, ich erblickte zum ersten Mal die Welt – ein erstaunlicher Anblick. Das kleine Gärtchen des Hofes erschien mir endlos; das Summen von Tausenden unsichtbarer Bienen, der berauschende Duft, die warme Sonne, dickflüssig wie Honig, die flimmernde Luft, als blitzten blanke Schwerter, und zwischen den Schwertern drangen Insekten mit vielfarbigen steifen Flügeln auf mich ein, aufrechtstehend wie Engel. Ich erschrak, stieß einen Schrei aus, meine Augen füllten sich mit Tränen, und die Welt verschwand.[11]

Die Washo-Indianer, die um den Lake Tahoe* herum und in den Sierras lebten, hatten eine sehr kraftvolle Zeremonie für ein Mädchen, das ihre erste Regel hatte. Es fastete vier Tage lang, und spät am vierten Tag kletterte es auf den Gipfel eines in der Nähe gelegenen Berges und trug dabei einen Korb mit Lebenskohlen. Wenn es auf dem Gipfel ankam, entzündete es die vier Stöße kleingehackter Fichtenzweige, die da bereitstanden. Je gerader der Rauch in den Himmel aufstieg, desto besser würde sein Leben werden und desto mehr Segnungen würde es seinem Volk bringen. Dann lief es mit einem heiligen

---

* Lake Tahoe ist ein See auf der Grenze der US-Bundesstaaten Nevada und Kalifornien.

bemalten Stab den Berg hinab zu seinem Volk und wurde mit dem Tanz der Frauen empfangen, der die ganze Nacht andauerte. In der Morgendämmerung wusch es sich im Fluß und ein großes Fest wurde gefeiert.[12] Beim Pubertätsritus der Mescalero-Apachen lief das junge Mädchen mit einer brennenden Fackel von dem Feuer, das es angezündet hatte, den Berg hinab.*

Rituale wie diese ließen das junge Indianermädchen auf die besondere »Frauenkraft« stolz sein, die mit der ersten Menstruation zu ihr kam. Der ganze Stamm verehrte die »Frauenkraft«, die sie ihnen gebracht hatte. Heutzutage schätzen wir diese Kraft gering und betrachten sie statt dessen eher als einen Fluch.

Die junge Frau in traditionellen Stämmen hatte einen weiteren Vorteil gegenüber heutigen Frauen, weil ihr erster Mann wahrscheinlich etwa zwanzig Jahre älter war, so daß sie von seiner Reife profitierte, denn er war ein besserer Jäger als ein junger Mann. Ihr zweiter Mann war meist in ihrem Alter, und oft war der dritte Mann erheblich jünger. »Tatsächlich scheint es möglich,« so Paul Shepard,** »daß das Nicht-Vorhandensein einer elterlichen ödipalen Schranke zwischen Tochter und Vater, … und das Vorhandensein eines weit verbreiteten Vater-Tochter-Inzests (selbst heute noch) Anzeichen dafür sind, daß die natürliche Auslese in der Evolution der menschlichen Gesellschaft sich dahin ausgewirkt hat, daß das dominante Männerbild und das Heiraten und Binden des jugendlichen Mädchens an den reifen

> Das Kind wird vollkommen geboren. Es kommt mit all den Gaben einer drei Millionen Jahre zurückreichenden Erfahrung der Gene auf die Welt. Es ist bereit, mit der lebendigen Erde in Wechselbeziehung zu treten.

---

* Aus vergleichbaren Pubertätsriten im alten Griechenland entstanden übrigens auch die Olympischen Spiele.

** Siehe Fußnote S. 22.

Mann sich eingeprägt hat.«[13] Dies verhilft zu einem schnelleren Fortschreiten der Reife bei der jungen Frau, ohne daß es langer Zeitspannen von Versuch und Irrtum bedürfte wie bei Jungen.

Ein Menschenleben, das so oft mit einem Schauspiel auf einer Bühne verglichen wird, ist eigentlich ein Ritual. Die alten Werte der Würde, Schönheit und Dichtung, die es ausmachen, kommen aus der Inspiration durch die Natur; sie werden aus dem Geheimnis und der Schönheit der Welt geboren. Tue der Erde keine Unehre an, damit du dem Geist des Menschen keine Unehre antust. Halte deine Hände über die Erde wie über eine Flamme. Allen, die sie lieben, die ihr die Tore ihrer Adern öffnen, gibt sie ihre Stärke, sie erhält sie mit ihrem unermeßlichen Beben des dunklen Lebens. Berühre die Erde, liebe die Erde, ehre die Erde, ihre Ebenen, ihre Täler, ihre Berge und ihre Meere; ruhe deinen Geist an ihren einsamen Plätzen aus. Denn die Gaben des Lebens sind der Erde, und sie sind allen gegeben...

Henry Beston
(1888-1968, amerikanischer Schriftsteller)

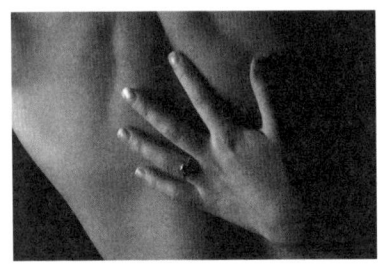

»Das Vorspiel kann Stunden dauern. Es kann dich mehr und mehr energetisieren, und immer noch etwas mehr. Nach ein oder zwei Stunden Vorspiel kannst du dich so zufrieden fühlen, daß kaum noch das Bedürfnis nach dem Nachspiel besteht, oder nach irgendetwas anderem.«

William A. Ross

Sexuelles Bonding in Ökosystem-Kulturen

Ein befriedigender Geschlechtsverkehr ist eine der wenigen Erfahrungen im modernen Leben, die beide Hemisphären des Gehirns einbezieht, was für seine Bedeutung als Bindungsmechanismus spricht. Nach dem Entwicklungspsychologen Erik Erikson ist ein befriedigender Sexualakt »eine erstrangige Erfahrung der wechselseitigen Regelung zwischen zwei Wesen, (die) in gewisser Weise den Punkt der Feindseligkeiten und der möglichen Zornausbrüche überwindet, der durch die Gegensätzlichkeit von Mann und Frau, von Tatsache und Wunschtraum, von Liebe und Haß verursacht wird. Befriedigende Sexualbeziehungen machen den Sex daher weniger besitzergreifend, die Überkompensation weniger notwendig und die sadistische Beherrschung überflüssig«. Gelegentlich tritt ein so empfänglicher Zustand ein, daß es zu einer Herabsetzung der Grenze zwischen einem selbst und dem anderen kommt, was zu mystischen Zuständen führt.

Die Herabsetzung der Abgrenzung zwischen einem selbst und dem anderen ist wahrscheinlich einer der Gründe, weshalb in den meisten traditionelle Kulturen und bis in die jüngste Zeit sexuelle Orgien mit der Religion verknüpft waren. In Ackerbaukulturen waren solche Orgien mit der Fruchtbarkeit des Bodens verbunden.

Wenn die ganze Gruppe für die »Macht« offen ist, lösen solche sexuellen Begegnungen verkapselte Ängste, und Furcht und Feindschaft werden getilgt, wodurch die engen Bande der Gruppe neu geknüpft werden. Eben das Fehlen einer solchen Dynamik im isolierten Leben der Städte ist eine der Ursachen für das immerwährende Schwelen von Haß und Gewalt in modernen Gesellschaften.

> Durch einen befriedigenden Sexualakt tritt gelegentlich ein so empfänglicher Zustand ein, daß es zu einer Herabsetzung der Grenze zwischen einem selbst und dem anderen kommt, was zu mystischen Zuständen führt.

Für Ökosystem-Völker ist es nicht möglich, von einer Beziehung des Menschen zur Welt zu sprechen, sondern nur von einer allumfassenden wechselseitigen »Bezogenheit«. Der Mensch ist kein Mittelpunkt, von dem eine Beziehung ausgehen könnte.

Zum Beispiel berichtet die Anthropologin Dorothy D. Lee in ihrer Studie über die Tikopia,* daß »eine Liebkosung oder Umarmung nicht als ›Bezeigung‹ oder ›Ausdruck‹ von Zuneigung bezeichnet wurde – also nicht vom Ego ausgehend und nicht in Begriffen von Gefühlen des Ego –, sondern als ein Akt des Teilens in einem größeren Zusammenhang«.

---

* Die Tikopia sind ein polynesisches Volk auf der gleichnamigen Insel im südwestlichen Pazifik.

Um das zu illustrieren, hier drei ausführliche Beispiele: Beim Bärentanz der Ute* wurde die Sexualität eingesetzt, um die weit verstreuten Jagdgruppen zu einem Stamm zu verknüpfen; beim Eskimo-Spiel der »gelöschten Lichter« wurde die Sexualität zur Reinigung der Gefühlswelt benutzt; und auch bei den Odawa** trägt das Teilhaben am Sex zum Zusammenhalt des Stammes bei.

Der Bärentanz der Ute
Die meiste Zeit des Jahres war der Stamm der Ute in kleine, miteinander verwandte Gruppen aufgeteilt, die weit verstreut in den hohen Rocky Mountains lebten. In jedem Frühjahr sammelte sich der ganze Stamm zum Bärentanz. Alle warteten auf den ersten Donner, der, wie sie fühlten, den Bären aus seinem Winterschlaf weckte – und den Geist des Bären in den Menschen.

Es wurde eine große Hütte aus Zweigen gebaut, das *Avinkvep*, dessen Öffnung zur Nachmittagssonne wies. Am Ende der Hütte wurde ein rundes Loch gegraben, das eine kleine unterirdische Höhle bildete. Darüber wurde als Resonanzkörper ein Korb gelegt, mit einem eingekerbten Stock obenauf. Wenn darauf gespielt wurde, ertönte ein Laut wie Donner, »der sich über das erwachende Land ausbreitete und in der Frühlingsluft grummelte«. Die

> Für Ökosystem-Völker ist es nicht möglich, von einer Beziehung des Menschen zur Welt zu sprechen, sondern nur von einer allumfassenden wechselseitigen »Bezogenheit«. Der Mensch ist kein Mittelpunkt, von dem eine Beziehung ausgehen könnte.

---

* Die Ute sind ein Volk amerikanischer Ureinwohner, das ursprünglich aus der Region des Great Basin der Vereinigten Staaten stammt. Ihre Sprache gehört zur Sprachgruppe der Shoshone, die mit dem Aztekischen verwandt ist. Der Name Ute bedeutet »Land der Sonne« und stand Pate für den Namen des Bundesstaates Utah.

** Die Odawa sind Algonkin sprechende Indianer im Gebiet der Großen Seen (USA und Kanada).

Sänger versammelten sich um diesen Donner, und der Tanz begann.

Weil die Bärin sich ihren Gatten erwählt, suchte die Frau sich den Mann aus, mit dem sie tanzen wollte, indem sie ihn am Ärmel zupfte. Drei Tage dauerte der Tanz. Der Geist des Bären erfüllte das *Avinkvep*.

Ab und zu verließ eines der Paare den Tanz und »nahm seine Decke mit in das Gebüsch am Berghang, um den Geist des Bären und des Frühlingsdonners herauszulassen, der in ihnen zu stark geworden war.«

Beim Bärentanz fanden viele Heilungen statt. Am Mittag des dritten Tages endete der Tanz, das große Lager wurde im Laufe von einigen Tagen aufgelöst und die Jagdgruppen zogen in die Berge. Eine Frau, die während des Bärentanzes einen Mann am Ärmel gezupft hatte, mochte mit ihm eine Stunde in den Büschen zugebracht haben oder eine ganze Nacht, oder sie blieb bis zum nächsten Bärentanz bei ihm oder sogar »viele Winter«. Die hier ritualisierte heilige Sexualität hatte die Aufgabe, die einzelnen wieder als Stamm zusammen und durch ihr Totemtier, den Bären, wieder mit ihrem Land in Verbindung zu bringen.

> Die hier ritualisierte heilige Sexualität hatte die Aufgabe, die einzelnen wieder als Stamm zusammen und durch ihr Totemtier, den Bären, wieder mit ihrem Land in Verbindung zu bringen.

Das Eskimo-Spiel der »gelöschten Lichter«

Der dänische Polarforscher Peter Freuchen berichtet von dem Spiel der Eskimos »das Licht ist aus«. Dabei trafen sich viele Menschen in einem Iglu, alle Lichter wurden gelöscht, so daß völlige Finsternis herrschte. Alle tauschten ständig ihre Plätze und dabei durfte kein Wort gesprochen werden. Auf ein bestimmtes Signal hin griff jeder Mann nach der nächsten Frau.

Nach einer Weile wurden die Lichter wieder angezündet, und es wurden Scherze gemacht wie: »Ich habe die ganze Zeit gewußt, wer du bist, weil …« Dieses Spiel hatte einen praktischen Nutzen, wenn schlechtes Wetter die Bewegungsmöglichkeiten des Stammes einschränkte und die Kälte und Einsamkeit der Arktis kaum zu ertragen waren. Bei schlechtem Wetter ist die Nahrung knapp und das Schicksal ungewiß, und so sind ernste emotionale Schwierigkeiten unterschwellig immer vorhanden. Aber nach diesem ritualisierten sexuellen Spiel ist die ganze Gruppe fröhlich und guten Mutes. »Eine emotionale Explosion – mit möglichem Blutvergießen – wurde abgewendet«, erklärt Freuchen.

> Wie alle Möglichkeiten der Gemeinschaft denen offenstanden, die sie nutzten, war auch Sexualität nicht ausgeschlossen. Sexualität war ein allgemein anerkanntes Bedürfnis, und darum ging niemand leer aus. So einfach war das.
> Wilfred Pelletier

In dem Buch *Eskimo Realities* von Edmund Carpenter ist eine Zeichnung von Pakak, einem Igulik, wiedergegeben, auf der das Frauentauschspiel dargestellt ist. Die Frauen warten im Schneehaus, die Männer sind bereit zu wählen, maskierte Tänzer stehen neben der Lampe und singen. Dieses »Frauentauschspiel« ist eine weitere Möglichkeit, wie Sex auf rituelle Weise angewendet werden kann, um einem Stamm in schweren Zeiten zu helfen.

Wilfred Pelletier* war ein moderner Odawa-Indianer, der das isolierte Reservat in Kanada verließ und in der Welt der Weißen Erfolg hatte; doch er fand dieses Leben armselig und kehrte in seine Reservation zurück. Eine Verwandte führte ihn in den Sex ein. »Noch immer ist das für mich eine der größten

---

* Wilfred Pelletier (1927-2000) war ein Weiser der Odawa, Philosoph, Buchautor, Storyteller und beliebter Gastredner zu indianischen Themen. Sein indigener Name Baibomsey bedeutet »Reisender«. Pelletier betonte die *Einheit allen irdischen Lebens mit der Erde selbst*. Er war ein Pionier des wiedererwachenden Selbstbewußtseins der Ureinwohner Amerikas. Die letzten 20 Jahre seines Lebens unterrichtete er an der Carleton University, wo er als Elder-in-Residence im Fachbereich Soziologie/Anthropologie diente.

und glücklichsten Erfahrungen meines Lebens. ... [Die Menschen im Reservat] waren ehrlich in ihren Gefühlen und Bedürfnissen, und wie alle Möglichkeiten der Gemeinschaft denen offenstanden, die sie nutzten, war auch Sexualität nicht ausgeschlossen. Sexualität war ein allgemein anerkanntes Bedürfnis, und darum ging niemand leer aus. So einfach war das.«

In seinem Buch *Position of Women in Primitive Societies* (Die Stellung der Frau in ursprünglichen Gesellschaften) führt der britische Sozialanthropologe Edward E. Evans-Pritchard fünf Charakteristika von Sexualität bei Naturvölkern auf. Ich fasse sie hier kurz zusammen:

1) Es gibt viel Sex, aber keine romantische Liebe.

2) Es gibt keine unverheirateten erwachsenen Frauen.

3) Jedes Mädchen findet einen Ehemann und heiratet meist sehr jung.

4) Polygamie ist in unterschiedlichen Abstufungen erlaubt und wird praktiziert.

5) Es ist Brauch, daß Witwen ohne Schwierigkeiten wieder heiraten können.

> »Alle reden über die Umwelt. Aber was ist mit dem
> Zusammenhang von Sexualität und Umwelt?
> Solange wir über Sex auf zynische, verächtliche
> Weise reden, können wir gegenüber dem
> Leben keine Andacht fühlen.«
> William A. Ross

Flexible Geschlechterrollen bei Naturvölkern

Während schriftliche Zeugnisse von daoistischen Sexualpraktiken über tausend Jahre zurückreichen, so gibt es bezüglich ritualisierter Sexualität bei Naturvölkern kein schriftliches Material. Diese Völker hatten keine Schrift, und als ihre Kulturen zu einer Schrift kamen, etwa bei den Indianern, da waren diese Kulturen großenteils zerstört. Natürlich haben die Anthropologen über diese Dinge geschrieben, aber sie können nur auf die Erscheinungen an der Oberfläche eingehen.

Glücklicherweise hat der Linguist Jaime de Angulo aufgrund seiner persönlichen Begabung und äußerer Lebensumstände einige Einsichten beitragen können, wie die Indianer die Sexualität in ihrer Welt sahen. De Angulos Leben war außergewöhnlich und voller Widersprüche. Einige Einzelheiten aus seinem Leben helfen zu verstehen, warum er ungewöhnliche Einsichten in indigene Sexualangelegenheiten vermitteln konnte.

Jaime de Angulo wurde 1887 in einer spanischen Aristokratenfamilie in Paris geboren. Mit achtzehn ging er in die Vereinigten Staaten, wo er in Colorado, Wyoming und Kalifornien als Cowboy arbeitete. Von einem Franzosen überredet, eine Ausbildung zu machen, schrieb er sich am Cooper Medical College in San Francisco ein und machte 1912 seinen Doktor der Medizin. (Um diese Zeit heiratete er Cary Fink, die ihn später verließ, um bei dem Psychologen C. G. Jung in Zürich zu studieren und schließlich eine der wichtigsten Übersetzerinnen von Jungs Werk zu werden.) Während des Ersten Weltkrieges war Jaime de Angulo Arzt und Psychiater bei den ersten Fliegerkorps. Später begegnete er C. G. Jung und besuchte ihn in der Schweiz.

Während er auf einer Ranch in Kalifornien arbeitete, schloß er Freundschaft mit einigen Arbeitern, die dem Volk der Achumawi* angehörten; so begannen seine sprachwissenschaftlichen Studien. Später lebte er mit diesen Leuten, die auch Pit-River-Indianer heißen, zusammen. 1915 trieb er eine Rinderherde fünfhundert Meilen südwärts zum Big Sur. Dort traf er Alfred Kroeber und Paul Radin, beides herausragende Anthropologen ihrer Zeit.

Da er seine linguistischen Talente erkannte, brachte Kroeber ihn dazu, in Berkeley zwei Vorlesungsreihen zu halten: eine über Psychiatrie und eine über den Geist des primitiven Menschen. Jaime blieb nicht lange, denn er hatte keine akademischen Neigungen. In den darauffolgenden fünfzehn Jahren lernte er siebzehn neue Indianersprachen, und er wurde als eine Art Schamane bekannt. In den Vierziger Jahren, als er schon recht alt war, hielt er im Radio eine Reihe von Vorträgen über

---

* Die Achumawi (auch Achomawi, Ajumawi) oder Pit River Indians sind ein Volk amerikanischer Ureinwohner im nördlichen Kalifornien.

indianische Kulturen. Indianer bezeugten: »Jaimes Ohren sind für Lieder und Bräuche sehr, sehr genau.«

Die Verbindung von schamanischem Wissen mit seinen akademischen Kenntnissen über Psychiatrie und Medizin und dazu seine unglaublichen sprachlichen Fähigkeit verschafften ihm Zugang zu Gebieten des indianischen Denkens, die anderen Weißen verschlossen blieben. Der Dichter Robert Duncan war in den letzten Lebensjahren von Jaime de Angulo sein Schreiber. Da litt Jaime an Krebs und unternahm eine letzte Anstrengung, seine Manuskripte zu ordnen. In einem Interview mit Bob Callahan von der *Turtle Island Press* erklärte Duncan ein paar Aspekte dessen, was Jaime entdeckt hatte.

Duncan berichtete, daß Jaime von den Indianern gelernte hatte, »daß du nicht nur zwischen den Lebenden und den Toten hin und her gehen kannst, sondern auch von einer Geschlechterrolle zur anderen. Er fand das indianische Verständnis plausibel. ... Als ich einmal Geschlechterrolle und Geschlecht verwechselte, sagte Jaime, du bist westlich in deinem Denken, du glaubst, das Männliche und das Weibliche seien völlig fixiert. Für Indianer kann es in der Sprache fünf Geschlechtsworte geben – und fünf Geschlechterrollen in einem Stamm.«

Im Deutschen haben wir nur drei Geschlechter: männlich, weiblich und sächlich. Es gibt jedoch Quellen, die berichten, daß es in einigen Ureinwohner-Sprachen sogar über zehn Geschlechter gibt. Das allgemein bekannteste Beispiel für einen Wechsel von einer Geschlechterrolle zur anderen ist der *Contraire* bei bestimmten Präriestämmen. Vom »Donner« berührt, konnte dieser Mann einen Krieger heiraten, und er wurde als eine heilige Person geachtet.

> »Es hat damit zu tun, mit wem du tatsächlich einen besonderen Einklang erzeugen kannst. Jetzt kann das ein Baum sein, ein Felsen ... Und es muß nichts mit dem Kinder-Zeugen zu tun haben ... Wir haben Zeugung mit Produktion und Reproduktion verwechselt...«

In den vielen Workshops, die ich im Laufe der Jahre gehalten habe, wurden viele Fragen über die Natur der sexuellen Rollen gestellt, wenn ich Jaimes Kenntnisse darüber erwähnte. Jaime hat sich nicht im einzelnen darüber ausgelassen, aber die Anthropologin und Ethnologin Margaret Mead hatte dieses Thema in ihrem Aufsatz »Psychologisches Geschlecht und sexuelle Rollenzuweisung« kurz angerissen. Sie sagte, in unserer Kultur gäbe es für Kinder »nur zwei anerkannte sexuelle Verhaltensweisen«, während es bei einigen Naturvölkern und traditionellen Gesellschaften weitaus mehr gäbe. Sie legt unter anderen folgende Möglichkeiten dar:

1. Verheiratete Frau, die Kinder bekommt und versorgt.
2. Verheirateter Mann, der Kinder zeugt und ernährt.
3. Erwachsener Mann, der nicht heiratet oder Kinder zeugt, der aber eine vorgegebene soziale Funktion erfüllt. Das beinhaltet verschiedene Formen des Zölibats, sexueller Abstinenz, Verzicht auf Fortpflanzung, spezielle Formen von erlaubtem zeremoniellem Sex oder die Befreiung von sozialen Verpflichtungen, wie andere Männer sie haben.
4. Personen, deren besondere, nicht auf Fortpflanzung bedachte Rolle bei Zeremonien wichtig ist, in der verschiedene Formen des Transvestitentums oder Verhaltensweisen des anderen Geschlechts auftauchen können, wobei die äußere genitale Morphologie ignoriert oder abgelehnt wird, wie v. a. bei dem Heyokah, Clown, Trickster, Contraire, Narren, aber auch dem Schamanen.
5. Altersabhängige sexuelle Rollen; so wird homoerotisches Verhalten von Jugendlichen erwartet, der Rückzug von allen sexuellen Beziehungen von einem älteren Haushaltsvorstand, Freiheit vor der Heirat und Treue anschließend oder Keuschheit vor der Heirat und Hingabe danach, oder von Witwen, daß sie nicht wieder heiraten oder sexuelle Beziehungen eingehen.

Mead betonte, daß nur einige oder auch alle Rollen innerhalb einer Gesellschaft auftreten können. Sie erklärt: »Zusammenfassend kann man sagen, daß sexuelles Rollenverhalten in anderen Kulturen weitaus vielfältiger ist als in unserer. Man sollte sich nicht allzuviel auf die heutige westliche Erziehung einbilden, die jedes Kind zu einem aktiven und ausschließlich heterosexuellen Rollenverhalten im Rahmen einer legalen, monogamen Bindung bringen will.«

Seit Meads Zeiten hat sich zumindest in unserer freien westlichen Gesellschaft allerdings viel geändert, wenn die alten Prägungen sicherlich auch nicht so schnell überwunden werden.

> »... und wie wir auch privaten Besitz da reingemengt haben, verwechseln wir Kinder mit ›unseren‹ Kindern. Ein gesellschaftliches Konzept, wo der Stamm als Ganzes Kinder hat, können wir nicht begreifen.«

Im Interview mit Robert Duncan über Jaime de Angulo bemerkt Bob Callahan »Durch de Angulo erhalten wir, eigentlich zum ersten Mal, Überlieferungen von Indianern, die die Sexualität zum Inhalt haben. Wir bekommen mythologische Texte, die in Hinblick auf die individuelle Eigenart der Charaktere sexuell ausgeprägt sind. Ich habe es dort schon immer vermutet, doch jetzt hat dieser außergewöhnliche Mensch es wirklich hervorgeholt.«

Duncan antwortete: »Oh ja, wieder ist Jaimes Definition von Sexualität nicht spezifisch männlich oder weiblich. Sie ist nicht auf diese Weise unlösbar mit dem Geschlecht verknüpft. Es hat damit zu tun, mit wem du tatsächlich einen besonderen Einklang erzeugen kannst. Jetzt kann das ein Baum sein, ein Felsen ... Und es muß nichts mit dem Kinder-Zeugen zu tun haben ... Wir haben Zeugung mit Produktion und Reproduktion verwechselt; und wie wir auch privaten Besitz da reingemengt haben, verwechseln wir Kinder mit ›unseren‹ Kindern. Ein gesellschaftliches Konzept, wo der Stamm als Ganzes Kinder hat, können wir nicht begreifen ... Dabei haben wir noch den Terminus ›Generation‹, zum Beispiel ›meine‹ Generation war die ›Jazz-Generation‹. So verstehen wir, was Generation, was Fortpflanzung ist. (Im Englischen hat *generation* auch die Bedeutung »Fortpflanzung, Zeugung«; A.d.Ü.) Die ganze Gesellschaft pflanzt sich fort, und die Kinder gehören der Gemeinschaft... Jeder existiert tatsächlich in einer fortdauernden Welt von Generationen – als Kind der Welt, in der er lebt. Also bist du eigentlich dann ein böses Kind, wenn du nicht Vater Baum ehrst und alle anderen Bestandteile deiner Elternwelt.«

> Es ist die ganze lebendige Umwelt, die das Kind erzeugt und es am Leben erhält: die Luft, der Boden, die Pflanzen und Tiere der unmittelbaren Umgebung. Wir sind Kinder unseres besonderen Platzes auf der Erde.

Das Wort »zeugen« bedeutet dem Wörterbuch nach »erzeugen, hervorbringen, Zeug machen, herstellen«. Von Jaimes Standpunkt aus betrachtet ist offensichtlich, daß die Menschheit allein keine Kinder zeugen kann – vielmehr ist es die ganze lebendige Umwelt, die das Kind erzeugt und es am Leben erhält: die Luft, der Boden, die Pflanzen und Tiere der unmittelbaren Umgebung. Wir sind Kinder unseres besonderen Platzes auf der Erde. Deshalb ist das Land heilig, die Sexualität heilig und das Essen heilig; denn sie sind alle Teile desselben Kraftstromes, wie etwa die Tucano* und die Daoisten ihn verstanden.

Die Indianer sprachen in ihren Schwitzhüttenritualen häufig von »all unseren Verwandten« – den heißen Steinen, dem darüber gegossenen Wasser, dem Salbei – alle sind Teil derselben Familie. Andere Kulturen haben dieses Verständnis, Teil des Ganzen, des Dao zu sein, niemals verloren; die westliche Kultur hat es vergessen, doch jetzt zwingt uns die allgegenwärtige ökologische Katastrophe zu erkennen, daß alles wechselseitig vernetzt und aufeinander angewiesen ist.

---

* Ureinwohner im Nordwesten Amazoniens.

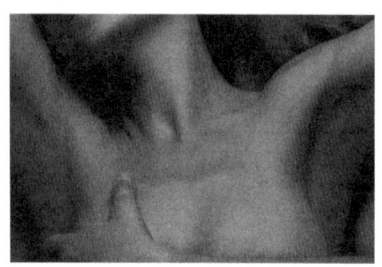

»Der beste Sex entsteht nicht durch Handeln,
sondern durch *Zulassen* – zulassen,
daß die sexuelle Energie zwischen euch
so fließt, wie sie will.«
William A. Ross

Ökosystem-Kulturen und Sexualität – Zwei Beispiele

Der erste Bericht stammt von der Anthropologin Florinda Donner.* Sie schreibt über sich, ihre Freundin Ritimi, eine Stammesangehörige, und deren Ehemann Etewa. Aus bestimmten Gründen mußten die drei gemeinsam durch den Urwald reisen. Sie verbrachten die Nacht unter einem kleinen, groben Schutzdach. Donner hörte leises Stöhnen, und dann fragte Ritimis leise Stimme, ob sie auch mal wolle. Überrascht öffnete Donner die Augen und blickte geradewegs in Etewas »lächelndes Gesicht«.

---

* Florinda Donner (1944-1998) wurde in Deutschland geboren, wuchs aber in Venezuela auf. 1993 heiratete sie den Anthropologen Carlos Castaneda. Sie wird in seinen Büchern über den Yaqui-Schamanen Don Juan als eine der »Hexen« erwähnt. Am Tag nach Castanedas Tod 1998 verschwand sie spurlos.

Sie beobachtete die beiden.«Etewa war nicht im mindesten verlegen, löste sich von Ritimi und kniete sich vor mich hin. Er hob meine Beine und streckte sie sanft. Er preßte seine Hinterbacken an meine Waden; seine Berührung war spielerisch liebkosend wie die eines Kindes. Er umarmte mich nicht, es fielen keine Worte. Dennoch war ich von Zärtlichkeit erfüllt. Etewa wandte sich wieder Ritimi zu und legte seinen Kopf zwischen ihre und meine Schulter.« Dann sagte Ritimi: »Jetzt sind wir wahre Schwestern.«

Der zweite Bericht stammt von Tobias Schneebaum,[*] der das Glück hatte, als erster Weißer einer Gruppe von Eingeborenen in Südamerika zu begegnen. Er blieb lange Zeit bei ihnen und nahm an ihrem Leben teil. Er beschreibt ein Initiationsritual für junge Männer.

Am letzten Tag erhielten die jungen Männer als ein rituelles Mal einen Ebenholzsplitter durch die Unterlippe gestochen. Anschließend wurden alle mit einem Büschel aus Fasern und Disteln saubergeschrubbt und bemalt. Bis der letzte junge Mann fertig war, war es Abend geworden.

Die Frauen hatten den Tag in der Hütte verbracht, nur manchmal waren sie herausgekommen und hatten den Männern Schalen mit selbstgemachtem Schnaps gebracht.

Als die Nacht hereinbrach, war überall Gelächter zu hören. Alle krochen in die rauchige, hell erleuchtete Hütte. Einige Frauen warteten bereits in den Abteilungen, die für jeden Mann bereitet worden waren. Die anderen standen noch um das Feuer in der Mitte. Die »gerade gewordenen Männer« und einige der alten Männer gingen zu den Frauen, umarmten sie ohne ein Wort und vereinigten sich mit ihnen.

[*] Der Amerikaner Tobias Schneebaum (1922-2005) studierte Anthropologie, Mathematik und Kunst in New York. Er lebte jeweils mehrere Jahre mit Stammesgruppen in Peru und in Papua-Neuguinea.

Schneebaums bester Freund unter den Eingeborenen lag auf der Frau, deren Kind er gerade geschwängert hatte. »Wir anderen fanden Arme, die sich uns willkommenheißend entgegenstreckten. Es war so seltsam, unausweichlich, heilig, dieses weiche Fleisch unter meinen Händen und unter meinem Körper zu spüren.«

In diesen beiden Berichten waren die Menschen den ganzen Tag zusammen in der Natur; im ersten Fall zogen sie gemeinsam durch den Urwald, im zweiten Fall führten sie gemeinsam ein Ritual durch. Der Geschlechtsverkehr wurde dann zu etwas Natürlichem, Unausweichlichem und Heiligem, denn er ist Teil der wechselseitigen Beziehung zwischen den Menschen und der Natur des jeweiligen Ortes.

»Wer weise ist, verlängert den Akt, um von der Quelle des Sex zu trinken. Diese magische Quelle aber fließt nur in der Abwesenheit von Absicht und Eile. ... Andererseits tötet es die Spontaneität, die Entladung völlig zu vermeiden. Warum dem Geschehen Grenzen setzen? Ein festgelegtes Ziel schließt eine Menge ungeahnter Möglichkeiten aus.«
William A. Ross

Daoistische Sexualrituale

Bevor ich jetzt auf daoistische Rituale eingehe, muß ich noch einmal den grundlegenden Unterschied zwischen der »Schöpfungsgeschichte« in Asien und der europäisch-christlichen »Schöpfung« ins Gedächtnis rufen. Die asiatischen Geschichten handeln zum Beispiel von Bruder und Schwester, die in einem »heiligen Behältnis« sicher durch eine Flut oder ein anderes Unglück getragen werden. Nach dem Unglück sind sie die einzigen Überlebenden, also vereinigen sie sich und zeugen das Menschengeschlecht.

Diese Schöpfungsgeschichte findet man in verschiedenen Variationen im gesamten Pazifikgebiet von Hawaii über die Inseln der Südsee bis Südasien, China, Japan und Afrika.

In der jüdisch-christlichen Tradition ist es eine ganz andere Geschichte. Da schafft ein männlicher Gott im Himmel die

Natur aus seiner Vorstellung heraus, am letzten Tag macht er den Mann, und aus einer Rippe des Mannes macht er die Frau. Hier zeigt sich eine entrückte Geistigkeit, die den Kontakt zur Erde verloren hat.

> In der asiatischen Überlieferung ist Sex der Anfang von allem und setzt sich in jeder Facette der Tradition und des Lebens fort.

Ich möchte noch ein Beispiel anführen, um den Unterschied dieser zwei Schöpfungsgeschichten zu untermauern.

Als ich einen Winter in der Schweiz lebte, fuhren wir gelegentlich zum Bergsteigen nach Österreich oder Südtirol. Im Gebirge sahen wir an den Straßen und bei den Feldern überall Kruzifixe. Mehrmals täglich gehen die Dorfkinder auf dem Weg zur Schule daran vorbei. Sie sehen einen blutenden männlichen Gott, der mit leidender Resignation auf sie herabblickt.

Die Dosojin, an denen die japanischen Kinder täglich vorübergehen, sind das genaue Gegenteil davon. Entlang der Straßen in Japan und in der Nähe der Reisfelder stehen die behauenen Steindosojin – Mann und Frau so eng ineinander verschlungen, daß man sie mit einem Wort bezeichnet, Dosojin. Manche haben die Arme umeinander gelegt, manche die Hände auf den Ärmel des anderen (symbolischer Geschlechtsverkehr), aber immer lächeln sie selig und voller Freude.

Die japanischen Kinder sehen täglich, daß Mann und Frau nötig sind, damit der Reis wächst und die Menschen gedeihen; obendrein sind die Dosojin einfach eine freudige Angelegenheit!

Betrachten wir diese beiden Traditionen auf der philosophischen Ebene, sehen wir in der europäischen Überlieferung einen männlichen Gott oben im Himmel, der jedes Ding ein für alle Mal geschaffen hat. Echte Spiritualität oder wahre Bedeutung entstammt dieser einen Quelle. Die göttliche Schöpfung setzt sich mit jeder neuen Erkenntnis der Wissenschaft, Technik oder Kunst usw. fort, aber alles stammt indirekt von diesem männlichen Gott ab.

Hier in diesem kleinen Winkel liegt das Problem der Sexualität. Ohne sie gäbe es keine Menschen mehr, aber sie ist unbedeutend, wenn es um »richtige Dinge« wie Philosophie, Wissenschaft usw. geht. Sex ist irgendwie suspekt, schmutzig sowieso, weil er mit dem Körper zu tun hat und nicht nur im Gehirn stattfindet.

In der asiatischen Überlieferung dagegen ist Sex der Anfang von allem und setzt sich in jeder Facette der Tradition und des Lebens fort. Die »myriaden Dinge« entstehen aus der Interaktion von Yin [weiblich] und Yang [männlich]; die Energie des Universums handelt durch das Yin und das Yang.

> Alles befindet sich in einer fließenden Beziehung miteinander. Im philosophischen System Asiens wird Sexualität nicht als Absonderlichkeit in eine Ecke gestellt, sondern ist zentraler Punkt aller Aspekte des Lebens.

Aber es ist kein bloß dualistisches System, das dem europäischen gegenübersteht. Es ist viel mehr ein sich ständig wandelndes Muster. Wenn sich etwas im Yin-Kontinuum bewegt und immer mehr Yin wird, kehrt es schließlich um und bewegt sich auf den Yang-Pol zu. Alles befindet sich in einer fließenden Beziehung miteinander. Im philosophischen System Asiens wird Sexualität nicht als Absonderlichkeit in eine Ecke gestellt, sondern ist zentraler Punkt aller Aspekte des Lebens.

Folgerichtig hat der Daoismus von allen Kulturen die ausgereiftesten Methoden für den Umgang mit der Sexualenergie innerhalb der menschlichen Gemeinschaft sowie zwischen Mensch und Natur entwickelt.

»Die Eroberung des Reichs der ursprünglichen
Sexualität gehört zum Leben. Sex verleiht
neue Lebenskraft.«

Kim Catrall

Der Daoismus und seine schamanischen Ursprünge

Im allgemeinen ist in der Vergangenheit ein lineares Ursache-Wirkung-Modell verwendet worden, um zu erklären, wie Kulturen funktionieren. Erst in den 1970er Jahren, wie der Anthropologe Gerardo Reichel-Dolmatoff deutlich macht, lernten »die Ethnographen und Archäologen zu akzeptieren, daß das einzige Erklärungsmodell für den Umgang mit ökologischen Beziehungen das allumfassende Systemmodell ist, das von den ›primitiven‹ Indianern vor sehr langer Zeit eingeführt wurde.«

Das lineare, auf Ursache und Wirkung aufgebaute Modell mit seinen dualistischen Voraussetzungen war seit der Zeit der Griechen die Grundlage der westlichen Zivilisation. Erst seit den berühmten Macy-Konferenzen,* wo die »Kybernetik**« erfunden« wurde, hat sich der Westen auf ein »Systemmodell« im Denken zu bewegt. Im Osten jedoch geht die »systemische« Art zu denken bis zu den alten Daoisten zurück.

Der Systemwissenschaftler Ervin Laszlo, ein Pionier im Systemdenken in der westlichen Philosophie, zeigt ihre Vorteile auf, wenn er feststellt: »Im Gegensatz zum Atomismus✦ und Behaviorismus,▼ verbindet die systemische Ansicht vom Menschen ihn wieder mit der Welt, in der er lebt, denn er wird als darin vorkommendes Wesen gesehen, das ihren allgemeinen

---

* Die **Macy-Konferenzen** waren zehn interdisziplinäre Konferenzen zwischen 1946 und 1953 in den USA unter der Schirmherrschaft der Josiah Macy Jr. Foundation (Macy-Stiftung). Das Ziel war, Grundlagen für eine allgemeine Wissenschaft der Funktionsweise des menschlichen Geistes zu schaffen. Sie waren bedeutend für die Entstehung der Kognitionswissenschaft, die Entwicklung der Kybernetik sowie der Psychologie und Soziologie.

** Die **Kybernetik** erforscht die Steuerung und Regelung von Systemen. Dies können Maschinen und Computer sein, Wirtschaftsräume, Finanzmärkte oder auch Lebewesen, Ökotope oder die Biosphäre. In den Biowissenschaften spricht man auch von Biokybernetik. Wichtige Stichworte sind Vernetzung und Selbstregulierung.

✦ Der **Atomismus** ist eine kosmologische Theorie, der zufolge das Universum aus kleinsten Teilchen (den Atomen) besteht. In der Diskussion wird der Atomismus oft dem Holismus (ganzheitlichen Denken) gegenübergestellt. Beides sind unterschiedliche Arten der Beschreibung des Verhältnisses von Gesamtheit und Einzelheit innerhalb komplexer Systeme. Schon Aristoteles (384 - 322 v. Ztr.) postulierte »Das Ganze ist mehr als die Summe seiner Teile«, und die Vorgänge beispielsweise in der Biologie der lebendigen Zelle weisen darauf hin, daß Lebensphänomene nicht auf physikalische und chemische Vorgänge reduziert werden können, daß Atomismus also mitnichten alles erklären kann.

▼ Der **Behaviorismus** (vom amerikanisch-englischen Wort *behavior*, »Verhalten«) ist ein theoretischer Standpunkt, nach dem nur das Verhalten von Menschen und Tieren mit den Methoden der Naturwissenschaft untersucht werden kann. Dabei werden innere, psychische Vorgänge ausgeblendet, was dem Behaviorismus anhaltende Kritik einbringt.

Charakter widerspiegelt.« Oder wie die Chinesen sagen würden: »Himmel, Erde und Mensch haben dasselbe *Li*.«

Der Daoismus geht nicht, wie bei unserem westlichen Konzept von den »Naturgesetzen«, von der Vorstellung aus, daß die Ordnung in der Natur von Gesetzen herrührt, die von einem himmlischen Gesetzgeber festgelegt wurden. Sondern das Gesetz ergibt sich aus dem spontanen Zusammenwirken aller Wesen im Universum, die zusammenkommen, indem sie dem *Li* folgen, dem Grundmuster ihrer Natur.

Die früheste Bedeutung des Wortes *Li* ergab sich aus dem Muster, in welchem die Felder angelegt wurden. Demnach war die Erde selbst das ordnende Prinzip für einen jeden Platz. Im allgemeinen wurde das Wort *Li* in den alten Zeiten benutzt, um die Musterung zu bezeichnen, wie sie etwa in der Struktur des Jade oder in den Fasern der Muskeln angelegt war. Schließlich wurde der Begriff *Li* für das Prinzip oder die Organisation im Universum gebraucht.

> Das Gesetz ergibt sich aus dem spontanen Zusammenwirken aller Wesen im Universum, die zusammenkommen, indem sie dem *Li* folgen, dem Grundmuster ihrer Natur.

Das ist die Ordnung, mit der sich die Teile des Ganzen – eben *weil* sie Teile jenes Ganzen sind – in Übereinstimmung bringen müssen. Wenn sie sich nicht in bestimmter Weise (ihrem *Li* entsprechend) verhalten, verlieren sie ihre Position im Verhältnis zum Ganzen und werden etwas anderes als sie selbst.

Das ist der tiefere Grund für die aufwendigen jahreszeitlichen Rituale, die über die ganze chinesische Geschichte hin praktiziert wurden. Da die Menschen als integraler Teil der Natur betrachtet wurden, war es, um ihrem *Li* zu folgen, erforderlich, daß sie dem fortlaufenden jahreszeitlichen Muster, dem *Li* der Natur folgten.

Die frühen europäischen Übersetzungen der daoistischen Klassiker zerstörten die Bedeutung daoistischer Schlüsselbegriffe, weil man versuchte, die chinesischen Wörter christlichen metaphysischen Begriffen anzugleichen, was »spiritualistische« Texte ergab. In jüngerer Zeit gelang es Gelehrten wie Joseph Needham* (England) oder Toshihiko Izutsu (siehe Fußnote S. 49), den Daoismus von seiner christlichen Überlagerung zu befreien und seine Wurzeln bis zu den archaischen schamanischen Kulturen an den Grenzen des alten chinesischen Reiches zurückzuverfolgen. Izutsu bemerkt, daß die mythisch-poetische Bildsprache von Zhuangzi (je nach Umschrift auch Dschuang Dsi oder Chuang-tzu) einen schamanistischen Ursprung hat, und behauptet weiter, daß Zhuangzi ein »philosophierender Schamane« gewesen war.

> »Enthaltsamkeit wurde nicht nur als unmöglich angesehen, sondern auch als unangebracht und im Gegensatz zum großen Rhythmus der Natur stehend.«

Wegen der sehr frühen Entwicklung der Schrift in China sind uns nicht nur schriftliche Zeugnisse direkt aus dem ursprünglichen Konzept vom Menschen in der Natur überliefert, und zwar unverfälscht durch spätere »ethisch-religiöse« Systeme, sondern wir können auch verfolgen, wie diese Konzepte sich in der »zivilisiertesten« Kultur der Welt weiterentwickelten und wandelten.

Dem Daoismus nach wirkt die Kraft des Universums durch die Interaktion von Yin und Yang (Weiblichem und Männlichem); eben darum entwickelte der Daoismus die ausgeklügeltsten Methoden, um mit der sexuellen Energie unter Menschen und zwischen Mensch und Natur umzugehen. Bis vor einiger Zeit wurden die daoistischen Sexualtechniken als Aberglaube abgetan, doch wurden diese Methoden ins rechte Licht gerückt, als Joseph Needham einen beachtlichen Abschnitt im zweiten Band seines Lebenswerkes über *Wissenschaft und Zivilisation in China* diesem Gegenstand widmete.

* Joseph T. M. Needham (1900-1995) war ein bedeutender britischer Sinologe und Biochemiker und die herausragende Autorität auf dem Gebiet der chinesischen Wissenschaftsgeschichte.

Needham erklärt, daß »der Zweck der daoistischen Techniken war, die Menge an lebensspendendem *Chih* durch sexuellen Stimulus so weit wie möglich zu vergrößern ... Enthaltsamkeit wurde nicht nur als unmöglich angesehen, sondern auch als unangebracht und im Gegensatz zum großen Rhythmus der Natur stehend, denn in der Natur hatte alles männliche und weibliche Eigenschaften. Der Zölibat würde nur Neurosen hervorrufen.«

Die daoistischen sexuellen Techniken wurden angewandt, um die Kraft nicht nur zwischen Mann und Frau, sondern innerhalb der menschlichen Gruppe und zwischen den Menschen und ihrem Land zu verstärken. Aus dieser Beziehung ging die ausgezeichnete Sex-Natur-Dichtung Chinas hervor.

Das wichtigste Ritual hieß »Die wahre Kunst, die Chihs auszugleichen« oder »Vereinigung der Chihs« (von Männlichem und Weiblichem). Es läßt sich mindestens bis ins Jahr 200 u. Ztr. zurückverfolgen. Das meiste, was wir von diesem und anderen alten Ritualen wissen, stammt von einem, der vom Daoismus zum Buddhismus konvertierte und das *Hsiao Dao Lun* (Den Daoismus verspotten) schrieb. Er tat das in ganz derselben Weise wie jene, die zum Christentum übergetreten sind und sich dann über die heidnischen Bräuche lustig gemacht haben.

Das Ritual »Vereinigung der Chihs« fand entweder in Neumond- oder in Vollmondnächten nach einer Fastenzeit statt. Es begann mit einem rituellen Tanz, »dem sich windenden Drachen und dem spielenden Tiger«, und endete entweder mit einem rituellen Geschlechtsverkehr in der ganzen Gruppe oder zu Paaren in den Zimmern, die sich an den Seiten des Tempelhofes befanden.

Dem Sinologen und Daoisten Kristofer Schipper[*] zufolge steht diese »Vereinigung des Chih«, wie er es übersetzt, in

---

[*] Kristofer Schipper, 1934 in Schweden geboren und in Holland aufgewachsen, studierte in Taiwan und lehrte dann Sinologie in Leiden und an der Sorbonne in Paris. 1968 wurde er zum daoistischen Priester geweiht. Er lebt in China.

einem »Zusammenhang mit kalendarischen Perioden« – sie wurde also zu den Hauptfesten des Jahres praktiziert.

Ein Fragment des hochpoetischen Buches mit der Liturgie zu diesem Ritual, das *Huang Shu*, ist erhalten geblieben. Während der Ming-Dynastie (1368-1644 u. Ztr.) sind die meisten daoistischen Bücher mit rituellen Sexualpraktiken vernichtet worden. Glücklicherweise sind manche bewahrt worden, weil sie im 10. Jhdt. ins Japanische übersetzt worden waren.

Sowohl bei den Ritualen der Chinesen wie bei denen der alten Stämme wurde die Sexualität selbst als göttlich angesehen. Bei den chinesischen Ritualen wird nicht klar, welche Gottheiten verehrt wurden, doch unter Bezug auf den französischen Sinologen Henri Maspero sagt Needham, es seien Sternengötter, die Götter der fünf Elemente und die Geister gewesen, die in den verschiedenen Körperzonen wohnten und sie steuerten.

> Sowohl bei den Ritualen der Chinesen wie bei denen der alten Stämme wurde die Sexualität selbst als göttlich angesehen.

Buddhistische Askese und konfuzianische Prüderie nahmen daran Anstoß, so daß es vom 7. Jhdt. an keine öffentlichen Ho-Chih-Feste mehr gab. Die Ausübung durch Eingeweihte in daoistischen Tempeln setzte sich wohl bis in die Sung-Dynastie (960-1279 u. Ztr.) fort, und unter gewissen Gruppen von Laien bis ins letzte Jahrhundert. Während Needham sich 1945 in China aufhielt, um daoistische Dokumente zu sammeln, die durch die revolutionären Kämpfe in Gefahr gerieten, besuchte er viele alte daoistische Zentren, das älteste aus dem Jahre 554 u. Ztr. Dies ermöglichte es ihm, tiefe Einsichten in die Vorstellungen hinter den daoistischen Sexualtechniken zu gewinnen. Als er »einen der in den Daoismus am tiefsten Eingedrungenen« in Chhangtu fragte: »Wie viele Leute folgen diesen Vorschriften?«, war die Antwort: »Wahrscheinlich mehr als die Hälfte der Männer und Frauen in Szechuan.«

> »Die Angst, im Sex aufzugehen, die Angst, wahnsinnig zu werden, und die Angst vor dem Tod sind miteinander verwandt. Sie haben alle mit der Angst zu tun, die Kontrolle zu verlieren. Aber nur, wenn du entdeckst, daß es in Ordnung ist, die Kontrolle zu verlieren, und daß du das *überleben* wirst und daß du das Leben mehr genießen kannst als je zuvor, dann entdeckst du, wie großartig das Leben sein kann.«
>
> William A. Ross

Das Kreuzbein, die Angst und die Wurzel unserer Kraft

Um zu verstehen, warum die Daoisten den Sexualtechniken so viel Aufmerksamkeit schenkten, müssen wir die Bedeutung des Aufbaus der Beckenregion mit seinem zentralen Knochen, dem Kreuzbein (lat. *os sacrum*), kennen. Weil unsere Kultur das rationale Denken so stark betont (und damit die Arbeit des Gehirns, insbesondere der »rationalen« linken Hälfte des Neocortex*), erschien den westlichen Gelehrten die daoistische Bedeutung des »niederen geistigen Zentrums«, das sich vier

---

* *Neocortex* bezeichnet den entwicklungsgeschichtlich jüngsten Teil der Großhirnrinde (von lat. *neo*, »neu«, und *cortex*, »Rinde«). Er kommt nur bei Säugetieren vor. Beim Menschen bildet der Neocortex den Großteil der Oberfläche des Großhirns (rund 90 %) und ist für Sinneseindrücke, Körper-

Fingerbreit unter dem Nabel befindet (im Chinesischen *Tantien* und im Japanischen *Hara* genannt) bis vor wenigen Jahrzehnten völlig unverständlich.

Als in den 1920er Jahren D. H. Lawrence den »Solarplexus« (das Sonnengeflecht) hervorhob, erntete er nur Spott; mit der wachsenden Popularität von Disziplinen wie Tai Ji, Aikido und anderen Kampfsportarten sowie Therapien wie Rolfing oder Craniosacral-Behandlungen in den letzten Jahrzehnten wird die Beckenregion jedoch wieder mehr und mehr als unsere wahre »heilige Mitte«* anerkannt – als jenes Gebiet in uns, wo der Energiefluß zwischen uns und dem Kosmos stattfindet.

Die Funktionen von Sexualität, vorgeburtlichem Leben, Geburt und Assimilation der Nahrung sowie tiefe Gefühle – all das findet in dieser Körperregion statt. »Heilige Mitte« bezieht sich auf das Kreuzbein (vergl. engl. *sacrum*, Kreuzbein, und *sacred*, heilig). Die unteren fünf Rückenwirbel, die beim Erwachsenen zu einer einzigen gebogenen, schildförmigen Platte verschmelzen, bilden das Kreuzbein. Da alle Muskeln des gesamten Beckengürtels hier befestigt sind, macht diese Region den (aufrechten) Menschen aus.

Das Großhirn dagegen entwickelte sich erst, als wir den aufrechten Gang gelernt hatten. Aber hier im Becken laufen alle Muskeln, die beim Gehen, Stehen und Sitzen beteiligt sind, zusammen. Von diesen Muskeln sind die Lendenmuskeln für die aufrechte Haltung des Menschen am wichtigsten, während die Schambein-Steißbein-Muskeln (*M. pubococcygeus*), jene Muskeln, die die Beine an den Innenseiten des Rückgrates befestigen und weiterlaufen, um das Becken mit den Rippen und dem Brustbein zu verbinden, uns buchstäblich zusammenhalten.

bewegungen und Gedächtnisinhalte zuständig. Die linke und die rechte Gehirnhälfte (Hemisphären) erhalten die Informationen der *jeweils anderen* Hälfte des Körpers, da die zuführenden Bahnen auf die Gegenseite kreuzen.

* Vergl. Fußnote S. 9

Diese beiden starken Muskelgruppen kreuzen sich in der Beckenregion an den Sexualorganen.

Ein Großteil der Korrekturen, die man durch Rolfing* erreicht, haben mit dem Durchbrechen der übermäßigen Verhärtung der Unterleibsmuskeln zu tun, die in unserer Kultur so weit verbreitet ist. Die Lendenmuskeln werden durch Rolfing gelöst, was dem Körper erlaubt, sich wieder richtig auf die Schwerkraft einzustellen. Es ist durch Experimente nachgewiesen, daß das Behandeln dieser Muskeln durch Rolfing den tiefsitzenden Angstzustand, der in unserer Kultur fast allgemein ist, abmildert oder sogar ganz beseitigen kann.

Wir siedeln heute die Angst im Mentalen an, aber die nachgewiesene Tatsache, daß sie durch die Behandlung von Muskeln in der Beckenregion geheilt werden kann, widerspricht dieser allgemeinen westlichen Logik; die Chinesen hingegen haben das *Tantien*, die Beckenregion, immer als Sitz des »anderen« Gehirns angesehen. Im *Tantien* sind nicht nur starke Gefühle angesiedelt, sondern es kann – wenn man es mit Hilfe von Tai Ji trainiert – auch die Gefühle anderer spüren sowie Strömungen in der Erde wahrnehmen. Heutige Versuche mit Rutengängern zeigen, daß es die Beckenregion ist, die im Körper des Rutengängers unterirdische Wasseradern anzeigt.

> »Sex ist keine Bühne für mechanische Techniken. Man muß sich dem Energiefluß hingeben, muß das Gefühl der Isolation aufgeben.«

Der Tai Ji-Lehrer Bob Klein schrieb über die Tai Ji-Übung »Pushing Hands«, sie sei »ein wirksames Training für das Liebesspiel«. Er fährt fort: »Sex ist keine Bühne für mechanische

---

* Rolfing ist eine von Dr. Ida Rolf entwickelte Behandlungsmethode, die dazu führt, daß der Mensch mit seiner ganzen Körperhaltung wieder ins Lot kommt und sich so selbst trägt.

Techniken. Man muß sich dem Energiefluß hingeben, muß das Gefühl der Isolation aufgeben. Sex sollte nichts sein, was man mit dem anderen ›tut‹, sondern er sollte eine Form des ›Nicht-Tuns‹ sein, in dem zwei ›Körper-Seelen‹ sich vereinen und spontan im ›Feld‹ der Energie spielen.« Man kann es auch als einen »Austausch von Energie mit einer anderen Person« betrachten. Diese Energie »muß von selbst geschenkt werden.«

Diese Energie ist mit der Stelle verbunden, wo sich die großen Beckenmuskeln kreuzen. Sind diese Muskeln trainiert, haben Mann und Frau automatisch einen längeren Orgasmus.

> »Sex sollte nichts sein, was man mit dem anderen ›tut‹, sondern er sollte eine Form des ›Nicht-Tuns‹ sein, in dem zwei ›Körper-Seelen‹ sich vereinen und spontan im ›Feld‹ der Energie spielen.«

Eine chinesische Anweisung für Männer lautet: »Ejakuliere, wenn du Kinder haben willst, sonst ist es besser, den Samen zurückzuhalten, damit er die inneren Organe nährt.« Orgasmus muß nichts mit Ejakulation zu tun haben.

Wie kann man ohne Ejakulation einen Orgasmus haben? – Es ist ganz einfach. Der Mann oder seine Partnerin drückt den Tu-mo-Punkt. Vom Anus zwischen den Beinen hindurch bis zum Penis führt ein röhrenartiges Gebilde. Man kann es leicht spüren, wenn der Penis erigiert ist. Auf dieser Röhre zwischen dem Anus und den Hoden liegt der Tu-mo-Punkt. Wird dieser Punkt kurz vor dem Orgasmus gedrückt, unterbleibt die Ejakulation. Beherrscht man diese Technik erst einmal, werden die Orgasmen noch erfüllter. (Aber Achtung! Blindes Experimentieren kann auch schaden! Der Körper muß langsam und mit Übungen schrittweise durch eine Verwandlung geführt werden. Anm. d. Hg.)

Wenn man die chinesischen Techniken lernt, kann man auch deren poetische Landschaftsbezeichnungen für die Sexualorgane übernehmen. Zum einen befreit das die Sexualorgane aus dem im Westen üblichen schlechtmachenden Zusammenhang und zum anderen verbindet es sie mit dem Land, in dem wir leben. Die Hoden sind das »Tor des Schicksals«; die »dunkle Schranke« ist der Tu-mo-Punkt; der »Jadegipfel« ist der Penis. Andere Namen für den Penis sind »fester Gipfel« und »Yang-Gipfel«. Namen für die Sexualorgane der Frau sind: »Liebesanemone«, »Höhle«, »Zinnoberspalte«, »goldene Furche«, »Jadehöhle«, »Jadetor«, »geheimnisvolle Höhle«, »geheimnisvolles Tal«, »Grotte der Freude«, »kostbarer Schmelztiegel« und »geheime Höhle«. Die Gebärmutter wird »Zinnoberhöhle« genannt, der Muttermund »Blütenherz« und die Schamlippen »Saiten der Lyra«.

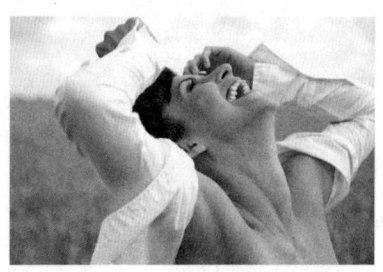

»Begierde und Eros sind völlig verschieden. Begierde konzentriert sich auf einen Teil des Körpers; Eros heißt, an dem ganzen Menschen interessiert zu sein. ... Eros befaßt sich nicht hauptsächlich mit sexueller Erregung, sondern mit menschlicher Erregung. Begierde reduziert den anderen auf Körperteile.«
William A. Ross

Daoistische Sexualität des ganzen Körpers

Die älteste der Kampfkünste, das Tai Ji, entwickelte sich in den daoistischen Shaolin-Klöstern in den Bergen Chinas. Jede der 108 Bewegungen des Tai Ji hat insbesondere mit den obengenannten Muskeln zu tun. Es sind genau diese Muskeln, die im Tai Ji befreit werden und die für die Ausübung der daoistischen Sexualtechniken von entscheidender Bedeutung sind. Für den Mann sind diese Muskeln wesentlich für die daoistische Technik des Orgasmus ohne Ejakulation. Bei der Frau verhindern beim vaginalen Orgasmus die trainierten (!) Schambein-Steißbein-Muskeln selbsttätig, ohne bewußte Bemühung, den Eintritt der Samen, so daß sich dies erforderlichenfalls als Methode zur Geburtenkontrolle anbietet. Diese Technik

> Bei der Frau verhindern beim vaginalen Orgasmus die trainierten (!) Schambein-Steißbein-Muskeln selbsttätig, ohne bewußte Bemühung, den Eintritt der Samen, so daß sich dies erforderlichenfalls als Methode zur Geburtenkontrolle anbietet.

könnte auch die Antwort sein auf die unerklärlichen Berichte von frühen Anthropologen wie Jane Belo im Südpazifik, die bei den Frauen keine Empfängnisverhütung feststellen konnte. Dennoch hatten die Frauen nur Kinder von ihrem eigenen Mann, obgleich sie auch mit anderen Stammesangehörigen Sex hatten, wenn ihr Mann fischen war.

In seinem zweiten Band von *Wissenschaft und Zivilisation in China* befaßt sich Joseph Needham mit der Beziehung zwischen der daoistischen Sexualität und traditionellen Hochzeitsfesten. Die ritualisierte Sexualität sowohl bei Naturvölkern als auch im Daoismus stammt aus völlig anderen Wurzeln als die Sexualpraktiken in der westlichen Kultur, wo die Fortpflanzung betont wird. Hier ist die Ejakulation des Mannes von großer Wichtigkeit, da sie mit der Fruchtbarkeit und dem männlichen Ego verknüpft ist.

In der ritualisierten Sexualität jedoch ist das Hauptanliegen die »beidseitige Kultivierung« und die Stärkung der Bindungen innerhalb der Gruppe und mit der Natur. Keine dieser Funktionen erfordert die Ejakulation, und so wird diese unwichtig. Dies würde einige der bedeutendsten emotionalen Probleme der Männer völlig beseitigen, die die westliche Kultur mit »vorzeitigem Samenerguß« und »Impotenz« bezeichnet – zwei Kategorien, die sich aus einer Überbewertung des männlichen Orgasmus ergeben.

> In der ritualisierten Sexualität ist das Hauptanliegen die »beidseitige Kultivierung« und die Stärkung der Bindungen innerhalb der Gruppe und mit der Natur.

Befreit von der ständigen Beschäftigung mit dem Samenerguß beim »Sex im Kopf«, kann die *Jadespitze*, wie die Chinesen das männliche Organ nennen, sich so ausleben, wie es von der Natur vorgesehen ist, es sei denn, es gibt körperliche Störungen. In der rituellen Sexualität, die sich nicht auf die Genitalzone beschränkt, empfangen der ganze Körper und das Gehirn Reize, und zwar über einen beträchtlichen Zeitraum. Dies führt zu einem Zustand, der »Einstimmung des Zentralnervensystems« genannt wird, was man physiologisch erklären kann.

Die Organe des Körpers sind wechselseitig sowohl mit dem Nervensystem als auch mit dem Gehirn verbunden. Das autonome Nervensystem besteht aus dem *Parasympathikus* und dem *Sympathikus*:

> In der rituellen Sexualität, die sich nicht auf die Genitalzone beschränkt, empfangen der *ganze* Körper und das Gehirn Reize, und zwar über einen beträchtlichen Zeitraum. Dies führt zu einem Zustand, der »Einstimmung des Zentralnervensystems« genannt wird.

- Der gesamte **Sympathikus** kann durch die Reizung von nur wenigen Nerven erregt werden; dadurch werden die Muskeln in Bereitschaft versetzt und Organaktivitäten, die nicht für Flucht oder Kampf gebraucht werden, wie die Verdauung, vermindert oder zum Stillstand gebracht. Die ergotropische (Energie abgebende) Reaktion tritt auf, wenn der Sympathikus stimuliert wird, was zu einer verstärkten Muskelspannung, Erregung des Großhirns und unregelmäßigem Herzschlag führt.
- Das **parasympathische** Nervensystem reagiert nur auf allgemeinere Reize und führt zu wohligen Zuständen wie Schlaf, Verdauung und Entspannung.

Verallgemeinert könnte man sagen, wenn das eine dieser Systeme, Sympathikus oder Parasympathikus, stimuliert wird, dann wird das andere dadurch gehemmt. Die »Einstimmung des Zentralnervensystems« tritt jedoch dann ein, wenn es eine so starke und andauernde Aktivierung des einen Systems gibt, daß es übersättigt wird und in das andere System überläuft, welches nun seinerseits aktiviert wird. Wenn die Stimulierung lange genug fortgesetzt wird, wird die nächste Stufe der Einstimmung erreicht, wo die gleichermaßen starke Entladung der beiden autonomen Systeme eine Stimulierung des mittleren Frontallappens des Gehirns bewirkt, was nicht nur lustvolle Gefühle hervorruft, sondern, in besonders tiefgehenden Fällen, ein Gefühl der Vereinigung oder Einheit mit allem Anwesenden.

> Die ritualisierte Form der Sexualität erfordert viel Zeit, damit sich all die wechselseitig verbundenen Körpersysteme aufeinander »einstimmen« können.

Dieser Zustand der Einstimmung erlaubt die Vorherrschaft der rechten Gehirnhälfte, wodurch Probleme gelöst werden können, die für die »rationale« linke Hirnhälfte unlösbar sind. Außerdem erzeugt der starke, sich wiederholende Rhythmus, wie er in Sexualritualen eingesetzt wird, positive Entladungen im Kleinhirn, die zu verstärkter sozialer Übereinstimmung führen; dies trägt zur Wirkung solcher Rituale als Bindungsmechanismus bei.

Aus ihren Forschungen über rituelle Handlungen schließen d'Aquili und Laughlin, wenn diese »Einstimmung« bei Ritualen erfolgt, dann »löst das auf machtvolle Weise die Grundangst des Menschen auf, befreit ihn von der Angst vor dem Tod und bringt ihn in Übereinstimmung mit dem Universum ... Tatsächlich gehören rituelle Verhaltensweisen zu den wenigen dem Menschen zur Verfügung stehenden Mechanismen, die möglicherweise die letzten Probleme und Paradoxien des menschlichen Daseins lösen können.«

Alle diese Vorzüge, die sich aus der »Einstimmung« ergeben, sind in der ritualisierten Sexualität noch wirkungsvoller. Eine solche Einstimmung kann sich jedoch nicht aus dem gewöhnlich raschen Orgasmus im Stil des westlichen Sex ergeben, der nur auf die Fortpflanzung programmiert ist. Ein solcher Orgasmus löst nur die unmittelbaren sexuellen Spannungen.

Die ritualisierte Form der Sexualität erfordert viel Zeit, damit sich all die wechselseitig verbundenen Körpersysteme aufeinander »einstimmen« können. Jolan Chang* zitiert Li T'ung Hsüan aus dem 7. Jhdt. mit seinem Kommentar über die »tausend liebenden Stöße« der »Jadespitze«: »Tief und flach, langsam und schnell, gerade und schräg, sie sind keineswegs gleichförmig... Ein langsamer Stoß sollte der ruckenden Bewegung des mit dem Haken spielenden Karpfen gleichen, ein schneller Stoß dem Flug der Vögel gegen den Wind.« Aus eigener Erfahrung fügt der heutige Chinese, Jolan Chang, in einer Fußnote hinzu, daß die »tausend Stöße« in einem sehr langsamen Rhythmus leicht in einer halben Stunde vollzogen werden können.

> Die daoistischen Sexualrituale machen den ganzen Körper empfindsam, während wir im Westen die meiste Lebenslust in die Enge der genitalen Sexualität gezwängt haben.

Die daoistischen Sexualrituale machen den ganzen Körper empfindsam, während wir im Westen die meiste Lebenslust in die Enge der genitalen Sexualität gezwängt haben. Doch immer, wenn eine umfassende Reaktion erfolgt, dann ist das ganze Wesen da, und weil das ganze Wesen sexuell ist, ist in jeder umfassenden Reaktion auch Sexualität. Das kann in jeder Beziehung auftreten – mit einem Tier, mit einer Blume, mit der Welt.

Eine »Kritik« an D. H. Lawrence war seine allumfassende Reaktion auf die Natur. So berichtet sein Verleger Ford Madox Ford von einem Spaziergang mit D. H. Lawrence. Sie sprachen über literarische Angelegenheiten, als Lawrence plötzlich »vorübergehend verrückt« wurde. Er kniete sich hin und berührte sanft die Blütenblätter einer ganz gewöhnlichen Blüte, und dabei geriet er in ein »sexuelle Lust fast übersteigendes Entzücken«. Ford gestand, daß dies »zu verwirrend« für ihn war.

---

* Jolan Chang (1917-2002) war ein chinesisch-kanadischer Sexologe und daoistischer Philosoph. Von ihm stammen die beiden Klassiker über östliche Sexualität: *The Tao of Love and Sex* und *The Tao of the Loving Couple* (siehe Bibliographie).

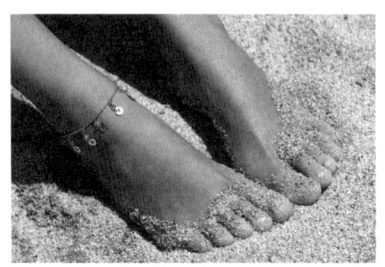

»Die Franzosen nennen den Orgasmus *la petite mort*, den kleinen Tod... Gehört denn Furcht ebenso zum Sex wie Freude? Ja, denn Sex ist der Punkt, an dem wir funkelnagelneu sind, an dem wir in das Heilige und Geheimnisvolle eingehen. Wenn wir das erfahren, ...dann sterben wir auch auf andere Weise: Wir sterben all dem gegenüber, was nicht wahr ist.«

William A. Ross

D. H. *Lawrence** über menschliche Sexualität und Natur

* David Herbert Lawrence (geb. am 11. September 1885 in Eastwood bei Nottingham, Nottinghamshire; gest. am 2. März 1930 in Vence, Frankreich) war ein englischer Schriftsteller. Nach seinem Pädagogik-Studium arbeitete er drei Jahre als Lehrer in London, bis er 1911 den Dienst wegen einer Tuberkulose-Erkrankung quittieren mußte. 1914 heiratete er Frieda Weekley. Ab 1919 reisten sie durch Europa, Mexiko und Australien. 1924 erwarb er eine Ranch bei Taos in New Mexico, USA, erkrankte aber im Folgejahr erneut an Tuberkulose und kehrte nach Europa zurück. Seine letzten Jahre verbrachte er in Italien. Im Alter von 44 Jahren starb er an dieser Krankheit, sein Leichnam wurde auf seiner Farm in Taos bestattet.

Lawrence war sehr produktiv und schrieb Gedichte, Essays, Reiseberichte und Texte für Theaterstücke. Ein Großteil seines Werkes hat einen autobiographischen Bezug und gibt der Beziehung zwischen den Geschlechtern viel Raum. Eben wegen des erotischen und des sexuellen Aspektes in seinem Werk war er zu Lebzeiten als Autor stark umstritten; manche seiner Werke wurden gar als unsittlich verboten. Erst in jüngster Zeit hat die Literaturwissenschaft begonnen, Lawrence ernstzunehmen.

Lawrences Werk ist so oft mißverstanden worden, daß ich in die Zwanziger Jahre zurückgehen will, um diesen Aspekt zu betrachten. Rolf Gardiner, ein englischer Farmer, Förster und Pionier der »Landarbeit im Jugendlager« glaubte, daß man die junge Wissenschaft der Verhaltensforschung »zunehmend bei den Beratungen für Reformen« in Betracht ziehen sollte. Im Jahr 1919, als er ein Buch von Lawrence gelesen hatte, schrieb er:

Lawrence wurde mein Fackelträger, er leuchtete mir in meiner Jugend den Weg. Er ging voraus, erforschte das Dunkel, verscheuchte die Grenzen unserer schäbigen, ausgelaugten Vorstellung von Dingen, er durchbrach die Abstraktionen der begrenzten Ideen, der ausgedienten Konzepte, der unfruchtbaren Worte und abgenutzten Symbole ... Das Land selbst schien durch Lawrence zu sprechen. Die dunklen, fruchtbaren Kräfte Nottinghamshires schlagen in seinen frühen Büchern durch und erfüllen sie ... mit den geheimnisvollen, verborgenen Göttern des Landes, damit sie zu uns sprechen und uns rufen ... Der Geist eines Ortes beherrschte ihn und schenkte ihm Kraft. Der dunkle, erregende Geist eines Platzes pulsiert in seinen Büchern ... und lehrt uns, die ungeheure Kraft der Götter in der Erde aufs Neue zu spüren und zu erfahren ... Er wußte, daß wir von der Erde Kraft bekommen und echt und wahrhaftig leben können, wenn wir an bestimmten Plätzen gemeinsam mit den alten Mächten der Erde arbeiten ... Ich glaube schon lange, daß die Lehre und die Vision von Lawrence eine Rechtfertigung braucht, nicht durch literarische Kritik, sondern durch Menschen, die versuchen, seine Vision zu leben.

Lawrences Heimat war Nottinghamshire. Alle seine Biographen erwähnten die Minen dort, aber nur wenige erwähnten Sherwood Forest. Hier konnten Lawrence und seine Freunde »unter leuchtenden Eichen, Eschen, Ulmen, Birken und Erlen an Robin Hoods Quelle und unter Marians tanzendem Grün« spielen, wie es ein Freund aus Kindertagen ausdrückte. Ich habe in »Weisheit der Erde«* berichtet, daß Lawrence als Kind eine »mystische Naturerfahrung« hatte. Die Empfindung, Teil eines Ganzen zu sein, begleitete Lawrence sein Leben lang; sein ganzes Werk ist ein Ringen darum, das Gefühl mitzuteilen, das er zum ersten Mal in »seinem geliebten Tal« hatte.

> »Lawrence wußte, daß wir von der Erde Kraft bekommen und echt und wahrhaftig leben können, wenn wir an bestimmten Plätzen gemeinsam mit den alten Mächten der Erde arbeiten.«

Ein weiterer Aspekt seiner Kindheit, der im allgemeinen übersehen wird und der fast genauso wichtig ist wie »Heimat«, war sein Kontakt zu einer Gruppe, die eigentlich ein »primitiver Stamm« war. Sein Vater gehörte zur »letzten Generation, die der allgemeinen Schulpflicht entging«, wie Lawrence erklärte. Sein Vater ging ins Bergwerk, als er neun Jahre alt war. Er und seine Kameraden arbeiteten miteinander, wilderten Kaninchen auf dem Gelände des Eigentümers, suchten Pilze und tranken zusammen.

Lawrence schrieb später: »Die Kumpel arbeiteten unter der Erde wie eine intime Gemeinschaft.« Die Dunkelheit und die Gefahr »erzeugten einen sehr starken physischen, instinktiven und intuitiven Kontakt zwischen den Männern ... sehr wirklich und kraftvoll.«

Lawrences Vater war ein gutaussehender Mann mit wallendem schwarzen Haar, »einer wohlklingenden Stimme ... er tanzte elegant, hatte ein höfliches Benehmen, einen überschäumenden Humor und eine gute Seele«. Mit anderen Worten, ein wahrer Primitiver!* Der junge Lawrence spürte die Kraft dieser

---

* *Weisheit der Erde* ist ein umfassendes Werk, das voraussichtlich 2012 in einer überarbeiteten Fassung bei Neue Erde wieder auf deutsch erscheint. Siehe auch S. 125f.

* Im ursprünglichen Wortsinne, siehe Fußnote S. 23

Art des Lebens. Gegen dieses überfließende Leben stand das Leben seiner Mutter, die von »vornehmer Herkunft« war. Auch wenn er ihre Regeln befolgte und fast daran zugrunde ging, lebte der Einfluß seines Vaters tief in seinem Innern fort.

Sein erster Verleger, Ford Madox Ford, fand, daß Lawrence' Schriften ganz anders als die anderer englischer Schriftsteller waren. Wenn Lawrence über die Natur schrieb, dann liefen diese Passagen »wie Feuer durch seine Bücher, sie waren ergreifend – weil Leben in sein Schreiben kam ... man hat das Gefühl, daß eine Seite an ihm wirklich übernatürlich war ... im Einklang mit den tiefen Wäldern, die wunderliche Orte waren.« Wie jeder wahre Primitive lebte Lawrence in der »Flamme der Wahrheit.«

Cecil Gray, eine schottische Komponistin und Zeitgenossin von Lawrence, lebte in der Nähe der Lawrences in Cornwall. Sie mochte Lawrence nicht, mußte aber zugeben, daß »Lawrence sich in der natürlichen Welt vollkommen verwirklichte ... und auch mit Bäumen.« Gray behauptet: »In der Literatur gibt es nur wenig, wenn überhaupt etwas, was mit der außergewöhnlichen Tiefe und Feinsinnigkeit von Lawrences Wahrnehmung der Natur in all ihren Formen und Manifestationen zu vergleichen ist. Er war ein Faun, ein Kind des Pan ... Das war der wirkliche Lawrence, darin war er wahrhaft groß.«

Als er Frieda geheiratet hatte, konnte er über die Kraft der Sexualität schreiben. Bevor Frieda ihm begegnete, hatte sie eine Beziehung mit dem Psychoanalytiker Otto Gross (obgleich sie bereits mit Professor Weekly verheiratet war). Gross war einst einer von Freuds bemerkenswertesten Schülern gewesen. Freud hatte einmal gesagt, Jung und Gross wären seine besten Schüler.

Gross war der führende Kopf der »erotischen Bewegung«, die die Liebe außerhalb der Ehe für den einzigen Weg hielt, durch den ein moderner Mensch mit seiner »natürlichen Quelle« verbunden sein konnte. Gross schrieb, Frieda hätte »den Schatten

Freuds von meinem Weg vertrieben«. Später schrieb er an Frieda, sie sei »die Frau der Zukunft«. Er meinte, sie sei ein Beispiel dafür, wie die Menschen in Zukunft sein würden, wenn die Bedingungen, die er bekämpfte, ihnen nicht mehr schadeten. Er fuhr fort, sie sei »die einzige Person, die heute schon frei ist vom moralischen Kodex der Keuschheit, dem Christentum und der Demokratie und anderem Unsinn«. Er fragte sich verwundert, wie sie, »das goldene Kind«, es schaffte, »mit ihrem Lachen und ihrer Liebe den Fluch und den Schmutz zweier düsterer Jahrtausende fernzuhalten«.

> »Sie waren einander begegnet und schlossen in ihre Begegnung die vielen Grashalme, den Schrei des Kiebitzes und den Lauf der Sterne ein.«

Frieda fühlte sich offensichtlich von Gross angezogen, doch seine Kraft erschreckte sie. Er starb später in einer Irrenanstalt. Sie stellte fest, daß Lawrence dieselben Dinge in ihr sah wie Gross, aber Lawrence war »weniger gefährlich«. In seinem Gedicht »Manifesto« zeigen sich die sexuellen Qualen, die Lawrence in den Jahren vor seiner Begegnung mit Frieda durchlebte.

Das Gedicht beschreibt zunächst den Grimm des Hungers nach Nahrung und Wärme für den Körper und den Hunger nach Wissen. »Dann kam noch ein Hunger / sehr tief und gierig.« Er ist erschreckender als der Hunger nach Nahrung, es ist »der Hunger nach einer Frau«. Aber nicht nach irgendeiner Frau. Dann beschreibt er die Fülle des Lebens, die Frieda ihm gebracht hat. In dieser Zeit erkannte Lawrence, daß die Frau, die Sexualität und die Natur innig verbunden sind.

Seinen bekanntesten Roman, *Sons and Lovers* (Söhne und Liebhaber), hat er geschrieben, nachdem er Frieda begegnet war. Dort beschreibt er eine Liebesszene mit Clara Dawes, einer geschiedenen Frau (die teilweise Frieda ähnlich). Sie hatten sich am Ufer eines Kanals geliebt, und als sie wieder zu sich kamen, schreibt er:

Sie waren einander begegnet und schlossen in ihre Begegnung die vielen Grashalme, den Schrei des Kiebitzes und den Lauf der Sterne ein.

Die Erkenntnis ihres eigenen Nichts und der gewaltigen, lebendigen Flut, die sie immer trug, gab ihnen inneren Frieden.

Wenn eine so große, so herrliche Macht sie überwältigte, sie mit sich eins werden lassen konnte, so daß sie erkannten, daß sie nur Körper waren in den gewaltigen Wogen, das jedem Grashalm, jedem Baum und jedem lebendigen Ding seine kleine Größe gab, wozu dann seiner selbst wegen sich zermartern? Sie konnten sich vom Leben tragen lassen, und sie fühlten etwas wie Frieden, eins im andern.[14]

In einem Brief an die Kunstmäzenin Lady Ottoline Morrell erklärte Lawrence in klarer Weise, was er mit »Kraft« der Frau meinte. Die Erde brauche prophetische Frauen, die nicht nur auf ihren Verstand oder ihren Willen vertrauen, sondern »auf den Teil in ihnen, der die verborgenen Wellen empfängt, die aus den Tiefen des Lebens aufsteigen, und sie zur unempfänglichen Welt transportiert«.

Der Dichter und Literaturkritiker Kenneth Rexroth beschreibt Lawrence als eines »dieser Individuen, die eine unglaubliche Ausstrahlung haben. Wenn er hinter dem Rücken von einem den Raum betrat, vibrierte der ganze Raum, als befänden sich die Pole eines Generators an den Wänden.« Lawrence wurde von vielen Frauen bedrängt, und manchmal bat er Frieda, sie solle die Frauen von ihm fernhalten.

In vielen Werken ruft Lawrence nach einer neuen Beziehung zwischen den

> Die Erde brauche prophetische Frauen, die nicht nur auf ihren Verstand oder ihren Willen vertrauen, sondern »auf den Teil in ihnen, der die verborgenen Wellen empfängt, die aus den Tiefen des Lebens aufsteigen«.

Geschlechtern und auch nach einer neuen Art von Ehe. In *Women in Love* (Liebende Frauen) läßt er Birkin verdrießlich Kritik üben – an dem, was wir jetzt »hingebende Liebe« und Ehe nennen würden: »Die Welt gänzlich in Pärchen aufgeteilt, jedes Pärchen in seinem eigenen kleinen Haus, über seine eigenen unbedeutenden Belange wachend, und im eigenen Saft ihrer eigenen kleinen Privatsphäre schmorend.«

Wesentlich später schrieb er über die landläufige Ehe: »Was für ein Haufen fauler Kompromisse! Es läßt sich nichts Gutes darüber sagen. Die Ehe wird es so lange geben wie unser soziales System, denn sie hält unser System zusammen. Aber dieses System wird auseinanderbrechen, und dann wird die Ehe anders aussehen – wahrscheinlich eher wie in einem Stamm ... wie in dem alten System der Pueblos* ...«[15]

Über Sex schrieb Lawrence: »Es ist nicht gut, geschlechtlich zu sein. Das ist nur eine Form dieses statischen Bewußtseins. Sex lebt nicht, wenn er nicht unbewußt wird; und er wird nicht unbewußt, wenn man ihm Aufmerksamkeit schenkt. Man muß seinem ganzen bewußten Selbst ins Auge blicken und es dann zerschmettern.«[16]

1908, als Lawrence auf seine »phallische Vision« hinarbeitete, schrieb er, daß die meisten Menschen heiraten, »wenn ihre Seele bei der sexuellen Liebe vibriert ... aber ich glaube, Liebe ist viel feiner, wenn nicht nur die sexuellen Klänge übereinstimmen, sondern auch die großen und die kleinen Harmonien, die wir religiöses Empfinden nennen (im weitesten Sinne), und die gewöhnliche Sympathie.«[17]

---

* Ein Pueblo (span. »Dorf«) ist eine vorwiegend in New Mexico und Colorado verbreitete Siedlungsform der Pueblo-Indianer. Ein Pueblo kann bis zu fünf Stockwerke und mehrere hundert Räume haben. Das traditionelle Baumaterial ist eine Mischung aus Sand, Lehm und Wasser.

Aber Lawrence bezieht sich hier natürlich nicht auf die Architektur, sondern die *Gemeinschaft*. Siehe dazu die Kapitel »Sexuelles Bonding in Ökosystem-Kulturen« und »Flexible Geschlechterrollen bei Naturvölkern«.

Hunderttausend Jahre genetische Programmierung hat unsere sexuellen Energien unvermeidlich organisch fließen und sich vereinen lassen, was früher auf natürliche Weise, durch intensives Leben in der Natur, geschah. In unserem zivilisierten Leben heute scheint dieses »unvermeidliche« Fließen nur an die Oberfläche zu treten, wenn man gemeinsam in freier Natur arbeitet. Lawrence ist der einzige Schriftsteller der abendländischen Literatur, der das Zusammenfließen von heiligem Land und heiligem Sex jemals treffend beschrieben hat.

> »Die letzten dreitausend Jahre Menschheitsgeschichte waren ein Ausflug in die Welt der Ideale, der Körperlosigkeit und der Tragödie, jetzt geht der Ausflug zu Ende ...«

Er hatte in seinem geliebten »Heimattal« oft bei der Ernte geholfen, bevor er in einer Stadt zu unterrichten begann. Als er Frieda bereits kannte, schrieb er in seinem Roman *The Rainbow* (Der Regenbogen) von Will und Anna, die unter einem hellen Vollmond Hafer ernten. »Ein großer, goldener Mond hing tief über dem grauen Horizont, hohe Bäume erhoben sich davor, standen im Dämmerlicht und warteten.«[18] Will und Anna gingen durch das Tor auf das offene Feld hinaus, wo ein paar Garben lagen, die die Schnitter zurückgelassen hatten, während andere bereits in Hocken zusammenstanden. Sie sammelten die Garben ein. Sie fielen in den Rhythmus der Natur, während sie arbeiteten. Die Garben rauschten wie ein Springbrunnen, als sie sie abwechselnd aufschichteten. »Sie nahmen nur noch die rhythmische Bewegung im Mondlicht wahr, ganz in sich gefangen, das Schwingen in der Stille, die nur vom Plumpsen der Garben unterbrochen wurde, und Stille, und das Plumpsen einer Garbe.«[19]

Und sie kamen sich immer näher, als sie die Reihen entlang gingen, bis sie sich endlich trafen und er sie in die Arme nahm, »süß und frisch«, waren die Nachtluft und das Korn. »Und seine Küsse waren erfüllt von seinem Rhythmus ... da standen sie in der Nacht, aneinander geschmiegt, entrückt.«[20]

> »Wir müssen wieder in Beziehung treten, in eine lebendige und erfüllende Beziehung zum Kosmos...«

Da gibt es keinen bloßen »Sex im Kopf«, nur ein großes Zusammenfließen von Mond, reifen Hafergarben, Mann, Frau und den großen hohen Bäumen.

Als er von Mexiko, wo er fast gestorben wäre, nach Europa zurückkehrte, schrieb er *Lady Chatterley's Lover* (Lady Chatterleys Liebhaber) in einem letzten Bemühen, seine »phallische Vision« zu erklären, doch er erntete nur die Kritik, einen »pornographischen« Roman geschrieben zu haben. Ein Jahr vor seinem Tod, 1929, verfaßte er einen Aufsatz mit dem Titel »Apropos Lady Chatterley's Lover«, der nach seinem Tod veröffentlicht wurde. Darin steht sein schönes Schlußwort:

Die letzten dreitausend Jahre Menschheitsgeschichte waren ein Ausflug in die Welt der Ideale, der Körperlosigkeit und der Tragödie, jetzt geht der Ausflug zu Ende ... genaugenommen ist alles eine Frage der Beziehung. Wir müssen wieder in Beziehung treten, in eine lebendige und erfüllende Beziehung zum Kosmos ... Der Weg dahin führt über das tägliche Ritual und das Wiedererwecken. Wir müssen wieder die Rituale der Morgendämmerung, des Mittags und des Sonnenuntergangs praktizieren, das Ritual des wärmenden Feuers und des fließenden Wassers, das Ritual des ersten Atemzugs und des letzten ... Für die Gemeinschaft, für eine umfassende Gemeinschaft, für das Zusammensein ... das Zusammensein von Körper, Sex, Gefühl, Leidenschaft und Erde, Sonne, Sterne.[21]

»Sex und Lachen gehören zusammen, auch wenn niemand weiß, warum. Guter Sex ruft einfach sprudelndes Lachen hervor. Plötzlich lachst du über das Leben, sogar über dich selbst. Die Sorgen, die du vor einer Stunde hattest, sind völlig weg; das ganze Gewicht, das du mit dir herumgeschleppt hast, ist verschwunden.«
William A. Ross

Wege in eine Zukunft des Einklangs von Mensch, Sexualität und Erde

In unserem Land fängt man gerade an, den Weg zurück zu einer »lebendigen und erfüllenden Beziehung zum Kosmos ... durch Rituale« zu finden, deshalb möchte ich zwei wichtige Dinge hervorheben. In einem traditionellen »Welterneuerungsfest« vermischen sich die Geschlechter frei und freudig miteinander; wir aber sehen Sexualität als etwas »Gegenständliches« an – etwas, was wir wollen und begrenzen – so daß wir noch gar nicht in der Lage sind, Sexualität frei und freudig in ein Ritual einzubinden. Also werden wir, zumindest für die nahe Zukunft, die sexuellen Energien (die natürlich immer da sind) in Form von Tänzen, Maibaumritualen, durch Flirten und Necken austauschen. (Das sind traditionelle Methoden, wie sie auch von alten Kulturen benutzt wurden, um mit der potentiell explosiven Sexualenergie der Menschen umzugehen, insbesondere jener, die nicht heiraten dürfen, weil sie zu eng verwandt sind).

Das führt zu einem Teilen der Energie und erneuert sie genauso gut wie genitaler Sex, wenn die sexuelle Energie verehrt und voll anerkannt wird, und, was nicht minder wichtig ist, wenn man mit ihr und über sie lacht. Wer schon einmal ein Jahreszeitenfest in einem Pueblo erlebt hat, weiß, wie wichtig die »Clowns« während des Tanzes sind. Meist tragen sie eine riesige Penisnachahmung oder sie sind mit dem lächerlichsten Frauenputz angetan. Sie schnappen sich einen nichtsahnenden Touristen und mimen zügellosen Geschlechtsverkehr. Solche Dinge müssen wir auch wieder geschehen lassen, damit die wichtige sexuelle Energie zwischen den Menschen der Gruppe und zwischen den Menschen und den Nicht-Menschen bei einem Fest fließen kann.

> Das führt zu einem Teilen der Energie und erneuert sie genauso gut wie genitaler Sex, wenn die sexuelle Energie verehrt und voll anerkannt wird, und, was nicht minder wichtig ist, wenn man mit ihr und über sie *lacht*.

Der Religionshistoriker Theodore Gaster schreibt: »Sexuelle Promiskuität bei den jahreszeitlichen Höhepunkten lebt im europäischen Volksbrauch noch in abgeschwächter Form im Pflichtküssen oder ›Hochheben‹ an bestimmten Tagen im Jahr weiter.« Er beschreibt den »Tag des Pfandes« in Hungerford in England. Am zweiten Donnerstag nach Ostern gehen die Männer durch die Straßen, »heben« eine Frau empor und erheischen sich einen Kuß. Auch das Küssen unter dem Mistelzweig an Weihnachten ist ein Überbleibsel der Promiskuität zur Wintersonnenwende.

Die zweite wichtige Sache ist die ritualisierte Geburtenkontrolle. Wie ich schon ausgeführt habe, haben die Jahreszeitenfeste mit dem »Wachstum« aller Wesen eines Ortes zu tun – Menschen und Nicht-Menschen – in der Weise, daß das

Gleichgewicht des Ökosystems erhalten bleibt. Das umfaßt auch die Geburtenkontrolle, aber die wenigsten haben das bisher mit Ritualen in Zusammenhang gebracht.

Die Guajiro etwa, die in Venezuela leben, haben die Geburtenkontrolle zu einem festen Bestandteil ihrer weiblichen Initiationsriten gemacht. Sobald ein Mädchen ihre erste Menstruation feststellt, geht sie in eine kleine einzeln stehende Hütte. In der Mitte der ersten Nacht bekommt sie eine »Medizin«. Diese Medizin, eine einheimische Pflanze namens *huawapi*, »soll die Geburten und den Abstand zwischen ihnen kontrollieren, so daß sie drei, höchstens vier Kinder bekommt«. Im ersten Monat ihrer Zurückgezogenheit bekommt sie die Medizin dreimal täglich. »Wenn sie verheiratet ist und ein Kind zur Welt bringt, nimmt sie die Medizin wieder, aber nur für drei Tage nach der Geburt, sonst wird sie unfruchtbar.« In der Abgeschiedenheit wird sie noch in vielen anderen Dingen unterwiesen, so daß sie ihre Besonderheit erkennt.

> Die großen Jahreszeitenfeste der traditionellen Kulturen gleichen das Männliche und das Weibliche in jedem einzelnen Menschen aus.

Die großen Jahreszeitenfeste der traditionellen Kulturen gleichen das Männliche und das Weibliche in jedem einzelnen Menschen aus. Denn wir tragen ja alle männliche und weibliche Anteile in uns, und es ist wichtig, Animus bzw. Anima im Unbewußten von Mann und Frau zu integrieren. C. G. Jung hat diese Begriffe geprägt. Sie kommen von dem lateinischen Wort *animare*, das »beleben« heißt. Für ihn waren »Animus und Anima Seelen oder Geister, die Männer und Frauen beleben«. Der Animus ist der männliche Anteil einer Frau, die Anima ist der weibliche Anteil eines Mannes. In unserer Kultur können sich diese Anteile selten wirklich entfalten, so daß viele Menschen in ihrer Lebensmitte eine echte Krise erleben:

»Die Anima ist es, die hinter den Stimmungen eines Mannes steht. Wenn die Anima einen Mann beherrscht, befällt ihn eine düstere Stimmung, er wird mürrisch, überempfindlich und zieht sich zurück. Eine giftige Atmosphäre umgibt ihn, er scheint in einem psychischen Nebel gefangen zu sein.« Könnte er seine Gefühle ausdrücken, wäre alles in Ordnung. Kann er das nicht, »übernimmt das die Anima … er ist verstrickt in Zorn, ständig in Gefahr, vor Wut zu explodieren. Die Anima scheint darauf zu warten, ihr brennendes Streichholz in einen Benzinkanister zu werfen, und eine abgrundtiefe, unkontrollierte Gefühlswoge bricht aus dem Mann hervor.«[22]

In der Frau »drückt sich der [unterdrückte] Animus (ihr männlicher Aspekt) typischerweise in Verurteilungen, Verallgemeinerungen und Kritik aus«. Die Frau wird depressiv, denn diese Urteile aus ihrem Innern »zerstören die Wahrnehmung ihres eigenen Wertes«. Die Schriftstellerin Emily Brontë* bezeichnet den Animus als den »großen Ankläger«, er ist auch als »Dämon der Pflicht« bezeichnet worden. Die Frau, deren Animus überwiegt, projiziert ihn auf den Mann an ihrer Seite und möchte es ihm heimzahlen, denn sie glaubt, er habe sie verletzt.

Schließlich nehmen die beiden unbewußten Anteile des Mannes und der Frau überhand, und über die belangloseste Sache kann heftigster Streit ausbrechen, *während die beiden Menschen mit ihrem Bewußtsein gar nicht verstehen, was los ist.* Bei den traditionellen Jahreszeitenfesten können sich diese Energien ausgleichen, indem z. B. Männer Frauenkleider tragen und umgekehrt, und beide Seiten parodieren die Handlungen des anderen.

In den traditionellen Kulturen wird Sex nicht so stark in ein Rollenverhalten gepreßt wie in der heutigen christlich-europäischen Kultur. Wenn eine Frau keine Kinder mehr bekommt, wird sie automatisch eine Älteste, die von allen Stammesmitgliedern

---

* Emily Jane Brontë (1818-1848) war eine britische Schriftstellerin, die durch ihren einzigen Roman *Wuthering Heights* (deutsch: Sturmhöhe) weltweit bekannt wurde.

um Rat gefragt wird, denn sie »weiß«. Andererseits übernimmt der Mann, wenn er älter wird, eine größere Rolle im Stammesritual, und so kann seine Anima oder der weibliche, intuitive Anteil in ihm wachsen. So wird der einzelne ein besserer Mensch, und der Stamm gewinnt durch das größere Verständnis der älteren Männer und Frauen.

> Bei einer so gelebten Sexualität gibt es auch keine Vergewaltigungen. Tatsächlich könnte Vergewaltigung, so wie wir sie heute kennen, eine weitere Zivilisationskrankheit sein.

Bei einer so gelebten Sexualität gibt es auch keine Vergewaltigungen. Tatsächlich könnte Vergewaltigung, so wie wir sie heute kennen, eine weitere Zivilisationskrankheit sein. Pearce liefert in einem sehr erhellenden Teil seines Buches Informationen, nach denen eine Vergewaltigung mit der Tatsache zusammenhängen könnte, daß ein Mann, der weder mit seiner Mutter noch mit der Erde *gebonded* ist, keine befriedigende Beziehung mit einer Frau haben kann und daß die daraus erwachsende Frustration sich in übermächtiger Wut über die Mutter/Erde/Frau-Matrix Bahn brechen kann, so daß er seine Überlegenheit ausnutzt, um zu vergewaltigen. Er vergewaltigt entweder roh, das heißt körperlich, oder intellektuell – indem er die Erdmatrix mit der Technologie vergewaltigt.

Es würde weitreichende wirtschaftliche und ökologische Folgen haben, wenn die Frau die volle Souveränität über ihren Körper und die Frage des Kinderkriegens wiedererlangen würde.* Unter ökologischen Gesichtspunkten ist der in vielen hochentwickelten Ländern zu beobachtende Bevölkerungs-

---

* Ein aktuelles Beispiel: In einem SPIEGEL-Interview vom Mai 2011 legt der französische Sozialwissenschaftler Emmanuell Todd dar, wie die Alphabetisierung in islamischen Ländern, vor allem die der Frauen, zu einer drastischen Verringerung der Geburtenrate geführt hat. Alphabetisierung ist der erste Schritt zur Bildung, und die wiederum führt zu einer Abnahme der Abhängigkeit vom Mann.

> Es würde weitreichende wirtschaftliche und ökologische Folgen haben, wenn die Frau die volle Souveränität über ihren Körper und die Frage des Kinderkriegens wiedererlangen würde.

rückgang gut; global ist jedoch die immer noch stark zunehmende Zahl von Menschen eine Gefahr für das Ökosystem der Erde, wie wir es kennen.

Die schöpferischste Lösung für das Problem der Überbevölkerung, die ich kenne, wurde von Garret Hardin* in seinem Buch *Exploring New Ethics for Survival* (Die Suche nach einer neuen Ethik des Überlebens) vorgeschlagen. Weil es die Frau ist, die die Kinder bekommt, und weil wir nahe daran sind, das Geschlecht eines Kindes bei der Empfängnis bestimmen zu können, schlägt Hardin vor, es zur Regel zu machen, daß jede Frau nur ein Mädchen haben darf. Sie kann so viele Jungen haben, wie sie will – ein Dutzend oder mehr, wenn sie eine große Familie haben will –, aber nur ein Mädchen.

Ein solches Gesetz würde natürlich sehr schnell die Struktur der menschlichen Gesellschaften weltweit verändern. Frauen würden zu bedeutenden Wesen werden. Sie heiraten vielleicht eine ganze Gruppe von Männern, wie in Tibet vor langer Zeit. Jedenfalls ist es, weil die Frauen durch diese Macht zur Herrschaft kommen könnten, zweifelhaft, ob unsere oder eine andere Kultur jemals eine solche Lösung übernehmen würde.

Bis bei den patriarchalen Stämmen der Begriff der »Vaterschaft« aufkam, hatten in ursprünglichen Zeiten die Frauen die völlige Kontrolle über ihren Körper, und sie konnten die Entscheidung über das Kinderaustragen selbst treffen. In einer

---

* Garrett James Hardin (1915-2003) war ein bedeutender amerikanischer Mikrobiologe und Ökologe. Er machte seinen Abschluß in Zoologie an der University of Chicago und erhielt seinen Doktortitel in Mikrobiologie von der Stanford University (1941). Von 1963 bis 1978 hatte er einen Lehrstuhl in Ökologie an der University of California. Seine Studien berührten Themen wie Umweltschutz, Überbevölkerung, Abtreibung, Kreationismus und Soziobiologie.

wunderschönen Nacherzählung des alten walisischen Sagen-Zyklus *Mabinogion* behandelt Evangeline Walton die schlimmen Veränderungen, die durch das Aufkommen der Idee der Vaterschaft von patriarchalen Eroberern ausgelöst werden. Math, der altehrwürdige König, spricht von Arianrod:

Ihrer sind schlimme Taten; eine lieblose Mutter tut den Uralten Harmonien Gewalt an. Doch du hast sie gegen ihren Willen zur Mutter gemacht. Und das ist etwas, das in der früheren Welt selten geschah, aber häufig geschehen wird in den Zeitaltern, die beginnen.

Du hast es um der Liebe willen getan, aus reiner Sehnsucht nach einem Kind. Doch viele der Männer, die kommen werden, werden es um des Stolzes und der Lust willen tun; und dieses Begatten wie ein Tier werden herabsetzen den Rang und vermindern die uralte Würde der Frau. ...

Denn das Erkennen der Vaterschaft wird die Frau versklaven. Es wird ihr die alleinige Eignung ihres Körpers nicht mehr lassen, damit er dem Mann zur Freude gereiche, sondern man wird ihn fordern, und sie kann ihn nicht geben oder verweigern wie ihr Herz befiehlt. ...

Und zum Schluß wird dabei herauskommen, daß es in der ganzen Welt keine freie Frau mehr geben wird, die um der Liebe willen liebt, wie es die Frauen früher getan.[23]

Wenn wir Sexualität nicht als etwas »Gegenständliches«, als eine Sache zwischen zwei Menschen, betrachten, sondern als Beziehung im weitesten Sinne, als wechselseitiges Einbezogensein, dann kann Sex etwas Größeres werden. Ein Sexualakt in der Natur kann seine beengenden Grenzen verlieren, er findet dann nicht »nur« zwischen Mann und Frau statt. Er geht tiefer, reicht bis zum älteren »Säugetierhirn« und weiter zum noch älteren »Reptiliengehirn«.

Aus dieser »erweiterten Identität« fühlt man sein Selbst immer größer und tiefer werden, bis das Selbst sich »in der Blüte einer reinen Beziehung zur Sonne, zum ganzen Kosmos öffnet ... Das ist ein himmlischer Zustand. Es ist der Zustand einer Blume, einer Kobra, eines Zaunkönigs im Frühling, eines Mannes, der weiß, daß er ein von der Sonne gekrönter König ist, die Füße fest im Herzen der Erde.«[24]

Diese lyrischen Freudenverse über die Kraft verfaßte D. H. Lawrence, als er auf seinem heiligen Land auf dem Lobo Mountain lebte. »Für mich«, schrieb er 1925, »wenn ich weit über die dunklen Berge und über die bleiche, warme Wüste zu ihren Füßen blicke, die Flügel der Schatten auf ihr, für mich ist dieser Platz heilig. Er ist gesegnet.«[25]

Die Kraft eines heiligen Landes kann auch Sie zu heiligem Sex führen, dann können auch Sie diese Art »Tiefenrausch« und das Einssein erleben.

Über die Autorin

Dolores LaChapelle, geborene Greenwell, erblickte am 4. Juli 1926 das Licht der Welt. Nach ihrem Studium an der Uni Denver wurde sie für drei Jahre Ski-Lehrerin in Aspen, Colorado. Bereits im Alter von 20 Jahren hatte sie alle »Vierzehntausender« (in Fuß, also 4200 m) der kanadischen Rocky Mountains bestiegen; 1950 gelang ihr die erste Ski-Besteigung des Mount Columbia, dem zweithöchsten Gipfel der kanadischen Rocky Mountains, und auch des Snow Dome. Zudem war sie eine Pionierin des Pulverschnee-Skifahrens und ist hochangesehen in der amerikanischen Wintersportszene. 2004 erhielt sie den Ski History Maker-Preis der University of Utah.

Nach ihrer Heirat mit Edward LaChapelle 1950 verbrachten die beiden ein Jahr in Davos, Schweiz, und zogen dann nach Alta im US-Bundesstaat Utah. Ihr Sohn Randy wurde 1952 in Denver, Colorado, geboren und ist heute unter dem Namen David LaChapelle ein bekannter Autor und Tiefenökologe.

1973 zogen Dolores und Edward nach Silverton, Colorado, weil Edward sich beruflich mit Lawinenforschung beschäftigte. Die beiden trennten sich Jahre später, erhielten aber ihre Freundschaft sowie ihre literarische Zusammenarbeit aufrecht. Edward zog nach Alaska, doch für Dolores wurden die San Juan Mountains ihr bleibendes Zuhause. Sie blieb in ihrem Haus in Silverton (in 2800 m Höhe), wo sie das Way of the Mountain Center betrieb, in dem sie unterrichtete, schrieb, verlegte, Zeremonien leitete – und in dessen Umgebung sie natürlich Langstreckenski fuhr!

Doch vorwiegend war Dolores LaChapelle eine Philosophin und Forscherin, die Wesentliches zur Ökologie und Tiefenökologie beitrug. In ihrem Haus hatte sie eine umfassende Bibliothek, in der sie große Mengen von Büchern und Artikeln beherbergte – und auch gleich mit einem komplexen Netzwerk aus Notizen und Querverweisen versah! Dessen Umfang wurde schließlich so gewaltig, daß sie das Material in über einem Dutzend großer Ringordner organisierte. Aus einer entsprechend breiten Perspektive schöpfen ihre Bücher.

Im Alter von 80 Jahren starb Dolores LaChapelle an einem Schlaganfall am Sonntag, dem 21. Januar 2007 bei sich zu hause in Silverton.

Bibliographie

Angulo, Jaime de, *Indian Tales*, Hill and Wang, New York 1953.

Brand, Stewart, »For God's Sake, Margaret – Conversation with Gregory Bateson and Margaret Mead« *Coevolution Quarterly* (Summer 1976), S. 32-44.

Bureau of American Ethnology Reports: Vol. 9 (1887-1888), vol. 26 (1904-1905), vol. 27 (1905-1906), vol. 44 (1926-1927) und vol. 46 (1928-1929).

Chang, Jolan, *The Tao o f Love and Sex*, E. P. Dutton, New York 1977 [dt. *Das Tao der Liebe – Unterweisungen in altchinesischer Liebeskunst*, Rowohlt, Reinbek bei Hamburg 1978].

Chang, Jolan, *The Tao of the Loving Couple: True Liberation Through the Tao*, Dutton, New York 1983 [dt. *Das Tao für liebende Paare – Leben und Lieben im Einklang mit der Natur*, Rowohlt, Reinbek bei Hamburg 1988].

Cohen, Mark Nathan, *The Food Crisis in Prehistory*, Yale University Press, New Harven 1977.

Cohen, Mark N., »Population Pressure and the Origins of Agriculture: An Archaeological Explanation from the Coast of Peru«, in Reed, (Hg.), *Origins of Agriculture*, S. 135-177.

Coon, Carleton S., *The Hunting Peoples*, Little Brown & Co., Boston 1971.

Cushman, H. B., »History of the Choctaw, Chicksaw, and Natchez Indians«. *Bureau of American Ethnology, Forty-Fourth Annual Report* (1926-1927).

d'Aquili: siehe Laughlin

Dasmann, Ray F., »Toward a Dynamic Balance of Man and Nature« *Ecologist*, vol. 6, no. 1 (January 1976).

de Bary, Wm. Theodore, Chan, Wing-tsit und Watson, Burton, *Sources of Chinese Tradition*, Columbia University Press, New York 1960.

Denig, Edwin, »Indian Tribes of the Upper Missouri, The Assiniboin«. *Bureau of American Ethnology, Forty-Sixth Annual Report* (1928-1929).

Diamond, Stanley, *In Search of the Primitive,* Rutgers University Press, 1974.
Donahue, Phil, *The Human Animal,* Simon & Schuster, 1986
Donner, Florinda, *Shabono,* Delacorte Press, New York 1982.
Emmitt, Robert, *The Last War Trail,* University of Oklahoma Press, Norman 1954.
Erikson, Erik, *Kindheit und Gesellschaft,* Klett-Cotta, Stuttgart 1982.
Firth, Raymond, *Tikopia Ritual and Belief,* George Allen & Unwin, London 1967.
Peter Freuchen, *Book of the Eskimos,* World Publ., Cleveland 1961.
Gardiner, Rolf, *England Herself,* Faber & Faber, London 1943.
Gaster, Theodore H., *Thespis: Ritual, Myth, and Drama in the Ancient Near East,* W. W. Norton, New York 1961.
Gesell, Arnold L., *The Embryology of Behavior: The Beginnings of Human Mind,* Harper and Row, New York 1945.
Gould, Stephen Jay, »Our Greatest Evolutionary Step« *Natural History,* June/July 1979.
Hardin, Garret, *Exploring New Ethics for Survival,* Viking Press, New York 1972.
Hrdy, Sarah B., »Heat Loss: The Absence of Estrus Reflects a Change in Sexual Strategy«, *Science 83,* (Oktober 1983).
Huang, Wen-Shan. *Fundamentals of Tai Chi Chuan,* South Sky Book Co., Hong Kong 1973.
Hunt, V. et. al., »A Study of Structural Integration from Neuromuscular, Energy Field and Emotional Approaches«, Rolf Institute for Structural Integration, Boulder.
Izutsu, Toshihiko, »The Absolute and the Perfect Man in Taoism«, *Eranos Yearbook,* vol. 36, 1967.
Izutsu, Toshihiko, »The Temporal and A-Temporal Dimensions of Reality in Confucian Metaphysics« *Eranos Yearbook,* vo1. 32, 1974.
Kazantzakis, Nikos, *Rechenschaft vor El Greco,* Herbig, München 1978.
Klein, Bob, *Movements of Magic: The Spirit of Tai Chi,* Newcastle Pub., North Hollywood 1984.
Kolata, Gina Bari. »!Kung Hunter-Gatherers: Feminism, Diet, and Birth Control« *Science,* September 13, 1974.

LaChapelle, Dolores, *Sacred Land, Sacred Sex, Rapture of the Deep: Concerning Deep Ecology and Celebrating Life*, Finn Hill Arts, 1988

Laszlo, Ervin. *The Systems View of the World*, George Braziller, New York 1973.

Laughlin, Charles D., McManus, John und d'Aquili (Hg.), *The Spectrum of Ritual: A Biogenetic Structural Analysis*, Columbia University Press, New York 1979.

Lawrence, D. H., *Women in Love*, Thomas Seitzer, New York 1920

Lawrence, D. H., *Women In Love*. New York, The Viking Press, New York 1960.

Lawrence, D. H., *Liebende Frauen*, Manesse, Zürich 2002

Lawrence, D. H., *Reflections of the Death of a Porcupine*, Centaur Press, Philadelphia 1925

Lawrence, D. H., *Lady Chatterley's Lover*, Penguin, 1928

Lawrence, D. H., *A Propos Lady Chatterley's Lover*, Mandrake Press, London 1930

Lawrence, D. H., *Söhne und Liebhaber*, Rohwolt, Reinbek bei Hamburg 2007

Lawrence, D. H., *The Collected Letters*, Viking Press, New York 1932

Lee, R. B. and I. Devore (eds.), *Man the Hunter*, Aldine Press, Chicago 1968.

Lee, Dorothy D., »The Joy of Work as Participation«, *Freedom and Culture*.

Mead, Margaret, »Cultural Determinations of Sexual Behavior«, in: William C. Young ed., *Sex and Internal Secretions*, v.2, Williams & Williams, Baltimore 1961.

Midgley, Mary, *Beast and Man: The Roots of Human Nature*, Cornell Univ. Press, Ithaca 1978.

Murdoch, John, »Ethnological Results of the Point Barrow Expedition«, *Bur. of Am. Ethnol.*, Ninth Annual Report (1887-1888).

Naess, Arne, *Ecology, Community and Lifestyle: A Philosophical Approach*, Manuscript, Oslo 1977.

Nathan, Mark, *The Food Crisis in Prehistory*, Yale Univ. Press, 1977

Needham, Joseph, *Science and Civilisation in China*, vol. 2: History of Scientific Thought, Cambridge University Press, 1956 [dt. *Wissenschaft und Zivilisation in China*, Suhrkamp].

Joseph Needham, *The Grand Titration: Science and Society in East and West*, George Allen & Unwin, London 1969, 1979.

Neel, James V., »Lessons from a ›Primitive‹ People« *Science*, November 20, 1970.

Nehls, Edward, *D. H. Lawrence: A Composite Biography*, vol. 1, University of Wisconsin Press, Madison 1957.

The Netzahualcoyotl News, vol. 1, no. 1 (Summer 1979), Turtle Island Foundation, Berkeley 1979.

Olmsted, D. L., *Achumawi Dictionary*: University of California Publication in Linguistics, vol. 45, University of California Press, Berkeley 1966.

Pallis, Marco, *The Way and the Mountain*, Peter Owen, London 1961.

Peale, Stanton und Brodsky, Archie, *Love and Addiction*, New American Library, New York 1976.

Pearce, Joseph Chilton, *Die magische Welt des Kindes*, Diederichs, Düsseldorf 1978.

Pelletier, Wilfred und Ted Pool. *No Foreign Land*, Pantheon Books, New York 1973 [dt. *Frei wie ein Baum*, Diederichs, Düsseldorf/Köln 1973].

Edward E. Evans-Pritchard, *Position of Women in Primitive Societies*, Faber & Faber, London 1965.

Reichel-Dolmatoff, Gerardo, »Cosmology as Ecological Analysis: A View from the Rain Forest« *Man: Journal of the Royal Anthropological Institute*, vol. 11,3 (September 1978).

Rexroth, Kenneth, *An Autobiographical Novel*, New Directions, New York 1964; expanded edition 1991.

Russell, Frank, »The Pima Indians«, *Bur. of Am. Ethnol., Twenty Sixth Annual Report* (1904-1905).

Sanchez, Thomas, *Rabbit Boss*, Alfred A. Knopf, New York 1973.

Sanford, John, *The Invisible Partners*, Paulist Press, Mahwah 1980.

Sauer, Carl, *Theme of Plant and Animal Destruction in Economic History*, Journal of Farm Economics, vol. 20 (1938) pp. 765-775.

Schaller, George, *The Mountain Gorilla: Ecology and Behavior*, University of Chicago Press, 1963.

Schipper, Kristofer, *The Taoist Body*, University of California Press, Berkeley 1993.

Schneebaum, Tobias, *Keep the River on Your Right*, Grove Press, New York 1970.
Shepard, Paul, *The Tender Carnivore and the Sacred Game*, Charles Scribners Sons, New York 1973.
Snyder, Gary, *The Old Ways*, City Lights Books, San Francisco 1977.
Tobias, Michael (Hg.), *Deep Ecology*. Avant Books, 1988 (1984).
Undset, Sigrid, *Men, Women and Places*, Alfred A. Knopf, New York 1939.
Walton, Evangeline: *Island of the Mighty*, Random House, New York 1970 (dt. *Die vier Zweige des Mabinogi*, Klett-Cotta, Stuttgart).
Wickler, Wolfgang, *Sind wir Sünder? Naturgesetze der Ehe. Mit einer Einführung von Konrad Lorenz*. Droemer Knauer, München 1969.

Buch-Tips zum Thema ganzheitliche Sexualität

Ross, William Ashoka, *das wundervolle kleine sex-buch*, Synthesis, Essen 1994.
Anand, Margo, *Tantra – Die Kunst der sexuellen Ekstase*, Goldmann, München 1990.
Chang, Jolan, *Das Tao der Liebe – Unterweisungen in altchinesischer Liebeskunst*, Rowohlt, Reinbek bei Hamburg 1978.
Chia, Mantak, *Tao Yoga – Praktisches Lehrbuch zur Erweckung der heilenden Urkraft Chi*, Ansata, Zürich 1992.
Pierrakos, John C., *Eros, Liebe & Sexualität – Die Kräfte, die Frau und Mann vereinen*, Synthesis, Essen 1998.

Quellenangaben

1 aus: Flader, Susan, *Thinking Like a Mountain*, The University of Wisconsin Press 1994, S. 33
2 aus: Pelletier 1973 (dt.), S. 8
3 Wickler 1969, S. 16
4 Wickler 1969, S. 222
5 Wickler 1969, S. 271*f*
6 Kolata 1974, S. 932-934
7 Shepard 1973, Pallis 1961
8 Angulo 1953, S. 242
9 Pearce 1978, S. 35
10 Kazantzakis 1978, S. 39
11 ebenda, S. 37
12 Sanchez 1973, S. 103*ff*
13 Shepard 1973, S. 210
14 aus: *Söhne und Liebhaber*, S. 342
15 aus: *Women in Love*, S. 69
16 aus: *The Collected Letters*
17 ebenda
18 aus: *The Rainbow*, S. 72
19 *ebenda*, S. 74
20 *ebenda*
21 aus: *Apropos of Lady Chatterley's Lover*, S. 329*ff*
22 aus einem Brief an Freud, 30. Januar 1910, zit. in Sanford 1980
23 Walton 1970, S. 202*f*
24 aus: *Reflections of the Death of a Porcupine*, S. 359*ff*
25 zitiert in: LaChapelle, *Sacred Land, Sacred Sex*, S. 267

Quellen der Zitate

Zitate von William A. Ross
auf Seite 18, 44, 52, 61, 66, 72, 78, 81, 90, 95, 100 und 109 aus: William Ashoka Ross, *das wundervolle kleine sex-buch*, Synthesis, Essen 1994.

Zitate von Kim Catrall –
auf Seite 37 und 84 aus: Kim Catrall und Mark Levinson, *Satisfaction – Die Kunst des weiblichen Orgasmus*, Zweitausendeins, Frankfurt/Main 2004;
auf Seite 25 aus: Kim Catrall, *sexual intelligence*, Schwarzkopf & Schwarzkopf, Berlin 2005.

Zitat von Thomas Moore auf Seite 31 aus: *Thomas Moore, The Soul of Sex: Cultivating Life as an Act of Love*, HarperCollins, New York 1998, zitiert in Catrall 2005, S. 126.

Bildnachweis

52, 72: **Marcelo Seixas**, Brasilien; 61: **Christian Caron**, Frankreich; **shutterstock.com**: 25: Yuri Arcurs, 37: Michal Korus, 81 u. 90: Dmitriy Raykin **Fotolia.com**: 15: Murat Subati, 18: Galina Barskaya, 31: Tom Bayer, 39: Robert Angermayer, 44: Albert Schleich, 66: dancerP & AF Hair, 78: Irina Chirkova, 84: Friday, 95: drubig-photo, 100: FotoliaXIV, 109: Benicce.

Bücher von Dolores LaChapelle

Das umfassende Werk dieser »Universalgelehrten« (im besten Sinne des Wortes) hat in Deutschland bisher nur bei Insidern Beachtung gefunden. Ihre Denkansätze sind jedoch heute aktueller denn je. Die sich immer weiter zuspitzende ökologische und soziale Krise zwingt uns, nach Lösungsansätzen außerhalb unserer bisherigen Denkbahnen zu suchen, denn ganz offenbar funktionieren die bisherigen Problemlösungen nicht. Allerdings gibt es in den Jahrzehnten, die seit dem Niederlegen ihrer Gedanken vergangen sind, durchaus modellhafte Ansätze für eine moderne Lebensweise, die sich gleichwohl im Einklang mit dem jeweiligen Ökosystem befindet, wie etwa Tamera, ZEGG oder die Ansätze der Sinn-Stiftung, aber selbst diese fortgeschrittenen Bewegungen können auch heute noch wichtige Denkanstöße bei Dolores LaChapelle finden.

In ihrem ersten Werk zur Tiefenökologie, dem 1978 erschienen Buch *Earth Wisdom*, das 1990 bei NEUE ERDE auf deutsch unter dem Titel »Weisheit der Erde« erschien, bringt sie in unnachahmlicher Weise die unterschiedlichen Geistesgebiete mit ihren eigenen Erfahrungen zusammen, um gleichsam in einem Rundumschlag all die untauglichen Ideen, die unserer westlichen Zivilisation zugrundeliegen, zurechtzurücken.

Im ersten Teil zeigt sie, ausgehend von ihren Erfahrungen als begeisterte Bergsteigerin, wie eng die Menschheits- und Religionsgeschichte mit Bergen und Höhlen – also der unmittelbaren Erfahrung der Erde – zusammenhängt und wie später (menschheitsgeschichtlich in allerjüngster Zeit), beeinflußt durch den Manichäismus und das Christentum, die Natur verteufelt wurde und ein Bruch entstand, den später unter anderem die Romantiker wieder zu heilen versuchten.

Im zweiten Teil untersucht sie die Natur des Geistes und wie wichtig die Natur für die geistige Entwicklung des Menschen ist, wie unser Gehirn beschaffen ist und in welch enger Beziehung es mit der Evolution steht. Sie zeigt, das unser Geist und der »Geist im Großen« nicht zu trennen ist und bezieht sich dabei unter vielen anderen auf C. G. Jung und Henry Bateson, und sie findet sowohl bei Martin Heidegger als auch im Shintoismus dieselbe Grundhaltung, die nicht trennt zwischen dem Universum und dem göttlichen Schöpfergeist.

Der dritte Teil heißt »Die Berge des Lebens«. Hier beschreibt sie die vier Phasen des menschlichen Lebens von Kindheit, Reife (Heranwachsen). Erwachsen- und Elternsein und schließlich Alter und Tod – und daß es für eine gesunde Entwicklung und für ein ausgeglichenes Leben bis hin zu einem friedlichen Sterben stets einer innigen Beziehung zur umgebenden Mitwelt, der Natur bedarf, ohne die der Mensch nicht wahrhaft Mensch sein kann.

Im vierten Teil schließlich geht sie darauf ein, wie wir den Bruch, den wir mit der Erde vollzogen haben, heilen und wieder Plätze schaffen können, an denen wir als Menschen uns wieder »einwohnen« können in das lebendige Netzwerk des Lebens. Dazu gehört auch, daß wir in ein inneres Gleichgewicht gelangen, das Dolores LaChapelle für sich durch Tai Ji, Bergsteigen und Skilaufen fand und das andere zum Beispiel durch Surfen, Dauerlaufen oder Wandern erreichen können.

Der Mensch ist weder physisch noch spirituell von der Erde zu trennen; versucht man es dennoch, dann verliert der Mensch sein Menschsein, seine Humanität. Das ist die Botschaft dieses Buches, die zu hören heute not-wendiger ist denn je.

Weisheit der Erde erscheint in einer überarbeiteten Fassung voraussichtlich 2012.

Ihr Hauptwerk *Sacred Land, Sacred Sex, Rapture of the Deep – Concerning Deep Ecology and Celebrating Life* erschien 1999 bis 2000 in drei Bänden unter dem Titel: »Heilige Erde, heiliger Sex«:

Band 1: Entwurzelung und unsere Wurzeln in den »Alten Weisen«
Band 2: Ritual und das wirklich »Heilige Land«
Band 3: Der Himmel auf Erden

Ausführliche Informationen finden Sie auf der Homepage von NEUE ERDE: www.neue-erde.de

∼

Die in den USA erschienen Bücher von Dolores LaChapelle
Earth Festivals: Seasonal Celebrations for Everyone Young and Old. Silverton, CO: Finn Hill Arts, 1973.
Earth Wisdom. Silverton, CO: Finn Hill Arts, 1978.
Sacred Land, Sacred Sex: Rapture of the Deep: Concerning Deep Ecology and Celebrating Life. Durango, CO: Kivakí Press, 1988.
Deep Powder Snow: 40 Years of Ecstatic Skiing, Avalanches, and Earth Wisdom. Durango, CO: Kivakí Press, 1993.
D. H. Lawrence: Future Primitive. Denton, TX: University of North Texas Press, 1996.
Return to Mountain: Tai Chi Between Heaven & Earth. Christchurch, NZ: Hazard Publishing, 2002.

∼

Links zu einigen Initiativen, die eine gewisse Nähe zu Dolores LaChapelles Denkansätzen haben:
  www.sinn-stiftung.eu
  www.tamera.org
  www.tiefenoekologie.de
  www.zegg.de
Mehr finden Sie, wenn Sie bei Google »Tiefenökologie« eingeben.

Bücher von NEUE ERDE im Buchhandel
Im deutschen Buchhandel gibt es mancherorts Lieferschwierigkeiten bei den Büchern von NEUE ERDE. Dann wird Ihnen gesagt, dieses oder jenes Buch sei vergriffen. Oft ist das gar nicht der Fall, sondern in der Buchhandlung wird nur im Katalog des Großhändlers nachgeschaut. Der führt aber allenfalls 50% aller lieferbaren Bücher. Deshalb: Lassen Sie immer im VLB (Verzeichnis lieferbarer Bücher) nachsehen, im Internet unter **www.buchhandel.de**.

Alle lieferbaren Titel des Verlags sind für den Buchhandel verfügbar.

Sie finden unsere Bücher in Ihrer Buchhandlung oder im Internet unter **www.neue-erde.de**

Bücher suchen unter: **www.buchhandel.de**. (Hier finden Sie alle lieferbaren Bücher und eine Bestellmöglichkeit über eine Buchhandlung Ihrer Wahl.)

Bitte fordern Sie unser Gesamtverzeichnis an unter

NEUE ERDE GmbH
Cecilienstr. 29 · 66111 Saarbrücken
Fax: 0681 390 41 02 · info@neue-erde.de